Musées de la Ville de Paris

Musée Carnavalet

L'histoire de Paris

PARIS musées

Les Anglais à Paris au 19e siècle

Christophe Leribault

sommaire

introduction

A défaut du tunnel projeté par la « Civilisation française »
pour envahir militairement l'Angleterre, le XIXe siècle inaugura une
vague sans précédent de migration britannique vers Paris.
De la chute de Napoléon aux grandes Expositions universelles
de la fin du siècle, la présence des Anglais s'est imposée,
massive et sans rivale.

Levachez (d'après Carle Vernet)
*Costumes modernes Français
et Anglais* (détail), 1803.

Simple touriste ou visiteur
de marque, artiste en mal
de pittoresque ou écrivain à la
recherche de sujets de curiosités,
chacun avait ses propres raisons
pour entreprendre ce voyage, du
manufacturier de passage au rentier
futur résident. Mais, moins sensibles à
cette diversité qu'au caractère
incompréhensible de leur langue,
les Parisiens les réuniront
durablement sous le qualificatif
général d'*Anglais* ; terme repris ici
dans son acception de l'époque
qui distinguait peu les Irlandais,
Gallois et Ecossais, des véritables
habitants de l'Angleterre, quitte à ce
que tout autre étranger soit considéré
d'emblée comme Anglais.

Née du désir de mettre en valeur
la riche iconographie qu'a suscitée
la présence britannique à Paris,
l'exposition du musée Carnavalet
rassemble à la fois les œuvres
justement célèbres des aquarellistes
anglais qui comptent parmi les
meilleurs paysagistes de la cité,
et un versant moins exploré, celui
de la caricature, si florissante pourtant
au XIXᵉ siècle des deux côtés de la
Manche. Mais la littérature
de voyage, genre si riche
et britannique, ne pouvait être laissée
pour autant de côté. Au-delà
des documents graphiques, ce livre
réunit un choix complémentaire
de textes dont la verve équivaut
parfois à celle des caricaturistes.
De ces journaux de voyage,
et de quelques ouvrages français
contemporains, n'ont été retenus
que les passages où nos voyageurs ont
décrit leurs concitoyens,
ou réfléchi sur leur situation
en France. L'ensemble ne forme donc
ni un tableau de Paris à travers
les témoignages anglais, ni même
un panorama de leurs opinions
sur la Ville et ses habitants,
mais seulement une brève anthologie
relative aux Anglais à Paris,

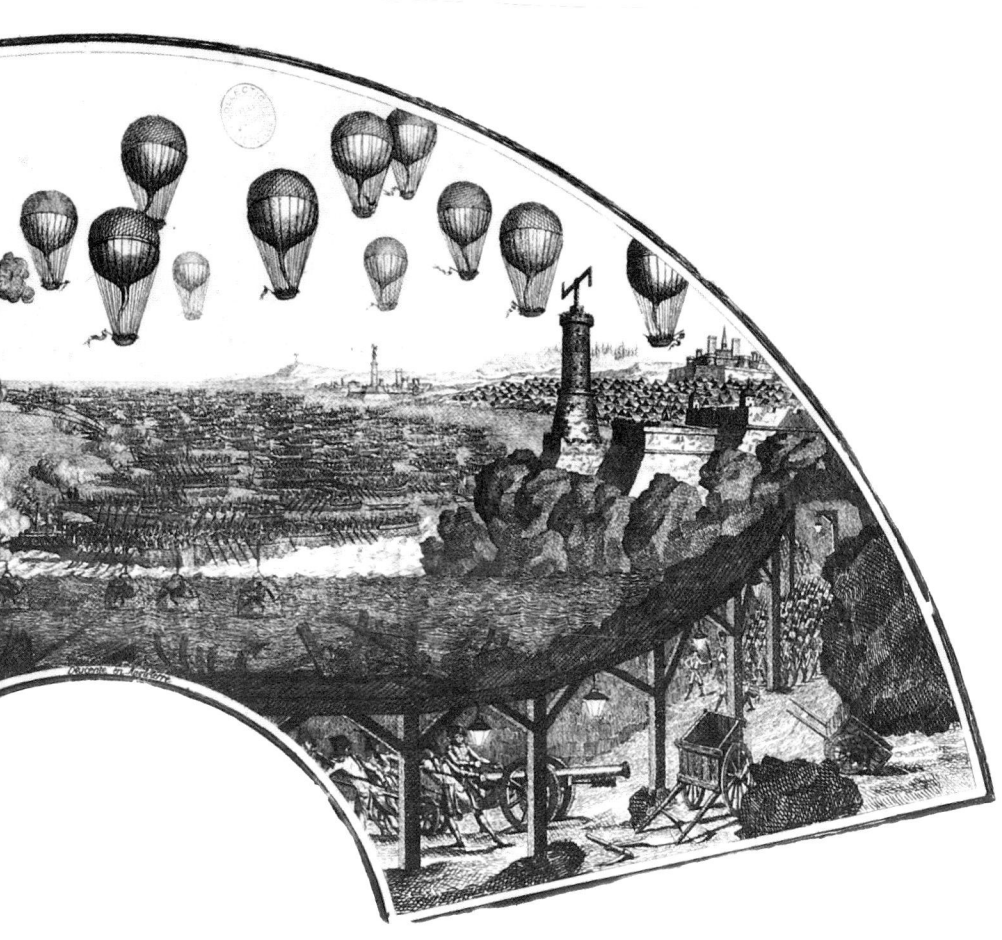

Anonyme,
Descente en Angleterre, vers 1804.

Concurremment à la voie souterraine, adoptée depuis, les ingénieurs français avaient également envisagé d'autres modes d'invasion, du ballon au pont de bateaux.

vus par eux-mêmes.

Pour faciliter l'interprétation de ces témoignages, il convient toutefois d'évoquer au préalable les conditions du séjour de quelques-unes de ces figures artistiques, littéraires et mondaines, sans oublier celles de la masse des anonymes qui n'ont pas eu le loisir de publier au retour leurs impressions de voyage, et plus généralement l'état de l'opinion à l'égard des Anglais au fil des décennies d'un siècle riche en retournements politiques.

de la Révolution aux Cent-Jours :
de la difficulté des longs séjours

« L'intérêt passionné avec lequel mes compatriotes anglais
s'occupent aujourd'hui des choses de France m'engage
à vous envoyer une description minutieuse de l'état moral
et politique de ce pays, étrangement transformé par douze années
de cataclysmes à peu près ininterrompus. »

Henri Rehead Yorke, *Lettres de France*, 1802.

En dépit des graves crises politiques du XVIIIᵉ siècle, telle la guerre d'Indépendance américaine, et d'une gallo-phobie populaire bien établie, le prestige intellectuel de la France des Lumières n'avait pas laissé insensible les milieux cultivés Outre-Manche. De leurs voyages sous l'Ancien Régime, certains visiteurs, comme Arthur Young, avaient gardé des sentiments mêlés, partagés entre la séduction des paysages et des monuments, le raffinement des milieux mondains et l'état d'abandon d'une bonne partie de la population.

L'annonce des premiers troubles révolutionnaires parisiens ne fut donc pas accueillie sans un certain enthousiasme en Grande-Bretagne ; elle suscita même la venue dans la capitale, en 1789, de plusieurs milliers d'Anglais soucieux de suivre sur place le fil des événements. Le plus célèbre d'entre eux, Thomas Paine fut élu à la Convention, avant de devoir émigrer en Amérique. Les plus téméraires, et les moins clairvoyants, durent payer leur curiosité trop prolongée par leur arrestation ; en effet, les décrets d'octobre 1793 condamnaient à l'emprisonnement tous les ressortissants des nations entrées en guerre contre la République. Outre quelques collégiens et membres de communautés religieuses, cet acte

toucha également bon nombre de citoyens britanniques
qui s'étaient installés définitivement en France pour leurs
affaires. Seuls quelques «réfugiés politiques», notamment
irlandais, et divers manufacturiers utiles à la Patrie, traversèrent
cette période en liberté surveillée. Toutefois, on note le cas
de résidents, absents de Paris tout au plus de 1793 à 1795,
qui purent s'y installer de nouveau après la chute
de Robespierre, comme la très révolutionnaire miss Helen Maria
Williams et, un peu plus tardivement, le richissime

Page 10
James Gillray (d'après)
The first Kiss this Ten Years !
-or- the meeting of Britannia
& Citizen François, 1803.

Le premier baiser après dix ans !
ou les retrouvailles de Britannia
et du citoyen François.

Quintin Craufurd, pourtant connu pour avoir aidé
la famille royale dans sa fuite malheureuse.
Mais pour l'essentiel la présence britannique resta
très limitée ; les civils progressivement libérés
quittant la France, seuls demeuraient en fait,
les soldats dans l'attente de l'issue de négociations
d'échange de prisonniers de guerre.

Après dix années de troubles, l'état de la France,
seulement connu à travers la propagande contre-révolutionnaire,
suscitait par conséquent, une grande curiosité Outre-Manche.
Au lendemain de la signature à Londres des préliminaires de paix,

Thomas Girtin
Le Faubourg et la porte Saint-Denis,
1802.

C'est par là qu'entraient d'ordinaire les voyageurs venus d'Angleterre.

le 1er octobre 1801 – et bien avant la signature officielle
de la Paix d'Amiens, le 27 mars 1802 –, les premiers visiteurs
britanniques s'embarquèrent pour la France, huit cents
en dix jours, puis à un rythme moindre jusqu'au début de l'année
1803[1]. Malgré le désagrément du mal de mer, évoqué
dans beaucoup de témoignages, la traversée entre Douvres
et Calais ne prenait déjà que quelques heures ; le trajet routier
jusqu'à Paris durait ensuite cinquante-quatre heures en moyenne.
Un tel voyage d'un coût, semble-t-il, supportable par beaucoup,
ne concernait pas seulement des nobles fortunés
comme la duchesse de Cumberland, lord Holland
et lord Thornton venu avec sa meute de chiens,
ou encore des hommes politiques en vue comme
Charles Fox, mais aussi des membres de professions
libérales ou de simples rentiers.

Au nombre de ces premiers voyageurs figuraient
des artistes importants tels que Füssli ou Flaxman, attirés
avant tout par le Louvre où les avaient devancés les trésors de
l'Europe. D'autres, comme Thomas Girtin, furent cependant
sensibles au paysage parisien. Les lavis et aquarelles
de ce dernier étaient peut-être destinés à l'exécution d'un vaste

Naudet
Le Pavillon de la Paix dans le jardin du Tribunat, Les Adieux des Anglais à Paris, vers 1803.

Implanté dans les jardins du Palais-Royal rebaptisé Tribunat sous le Consulat, le café de la Rotonde pris le nom de Pavillon de la Paix au lendemain du traité d'Amiens.

panorama de la ville, répondant ainsi à l'attente du public resté à Londres. Les dessins de Girtin, mort prématurément après son retour, serviront à la publication posthume d'un admirable album d'aquatintes.

L'objet premier de la curiosité de la plupart des voyageurs était néanmoins Napoléon Bonaparte. A défaut de pouvoir toujours obtenir une audience par l'entremise de l'ambassade d'Angleterre, les cérémonies officielles du Consulat et les fréquentes revues de troupes permettaient de l'entrevoir, scènes décrites non sans humour par Fanny Burney et sir John Carr. Après le Louvre, restaient ensuite à visiter les bâtiments les plus remarquables, véritable itinéraire de l'architecture classique dans la capitale, du Panthéon à la Monnaie, des Invalides à l'Ecole militaire, sans oublier les promenades éducatives au Jardin des Plantes ou, plus grisante, autour du Palais-Royal, pour l'heure baptisé palais du Tribunat. La découverte des plaisirs de la table dans les restaurants du Palais-Royal s'avérait essentielle : dorénavant, et pour au moins un demi-siècle, la vie des Anglais à Paris sera centrée dans ce périmètre gastronomique et galant, ce que confirment aussi bien les journaux de voyage que les caricatures. Ce premier épisode heureux devait cependant se clore progressivement au cours de l'année 1803, jusqu'à la rupture de la Paix d'Amiens en mai et la décision brutale d'interner les Anglais encore présents.
Estimés au départ à près d'un millier de civils, ces prisonniers étaient d'origines diverses, du petit commerçant au membre de l'aristocratie comme lord Elgin, le célèbre amateur d'antiques, ou lord Yarmouth. Futur troisième marquis d'Hertford et premier véritable fondateur de ce qui deviendra la Wallace Collection

Le Pavillon de la Paix dans le Jardin du Tribunat.
Les Adieux des Anglais à Paris ?

de Londres, lord Yarmouth était arrivé à Paris en 1802 avec sa femme, leurs deux enfants et huit domestiques. Il devait bientôt fréquenter assidûment les marchands de tableaux et les salles de ventes à la recherche des restes des grandes collections françaises. Afin d'établir la provenance des œuvres proposées, il s'était procuré les catalogues des principales ventes du siècle précédent, et ne manquait pas de savourer la chute des prix. Arrêté avec ses concitoyens en mai 1803, il dut partir pour Verdun sans son épouse, laissée sous la protection du général Junot dont elle était, il est vrai, la maîtresse. De tous les lieux de détention, Verdun est resté le plus célèbre pour l'étonnante vie mondaine qui s'y était développée, du moins parmi les prisonniers les plus riches. Partageant sa captivité entre le jeu, la danse et les courses de chevaux, Yarmouth réussit même à poursuivre ses achats de tableaux par l'entremise d'un agent parisien. Libéré au bout de deux ans, il s'attarda de nouveau dans la capitale avant de regagner Londres. Figure pittoresque de riche original, comme l'Angleterre en a exporté beaucoup sur le continent et singulièrement à Paris, lord Yarmouth bénéficia de sa position dans cette affaire ; bon nombre d'autres prisonniers durent attendre l'abdication de Napoléon en 1814 pour quitter enfin Verdun.

A ce moment, la curiosité des Anglais pour Paris, attisée par le long Blocus continental, conduisit de nouveau des milliers de citoyens britanniques dans l'ancienne capitale de l'Empire français. Parallèlement à l'occupation des rues et des bois alentour par les soldats alliés, une foule de civils anglais de toutes conditions envahit les hôtels, tandis que les visiteurs de marque étaient fêtés en libérateurs dans les salons tout juste rouverts de l'ancienne aristocratie. Pour certains, il s'agissait de retrouvailles avec des émigrés rencontrés autrefois à Londres, pendant la Révolution. Plus d'un voyageur, s'étonna quand même du nombre de bals dans une ville vaincue, ce qui fut mis au compte de la frivolité invétérée des Français. L'annonce, au milieu de cette effervescence, du retour de Napoléon provoqua, on le comprend, le reflux immédiat de ces touristes vers leur pays d'origine ; ainsi l'angoisse de Fanny Burney : « J'en fus frappée d'horreur. Etre retenue à Paris, ville prochainement conquise, destinée à devenir la capitale de l'usurpateur, y être détenue en tant que prisonnière impuissante, condamnée à rester dans la plus noire ignorance de tout, où la Vérité ne pourrait arriver jusqu'à moi, où le Mensonge ne pourrait être décelé, où aucune nouvelle ne pourrait me parvenir sauf les plus fatales[2]. » Elle trouva cependant refuge à Bruxelles. La victoire de Waterloo devait ensuite permettre le retour rapide des Alliées dans Paris, et autoriser enfin des séjours moins aléatoires après ces débuts difficiles.

Henri Gérard-Fontallard
Les Anglaises de 1814.

L'évolution divergente de la mode entre les deux nations au temps du Blocus continental suscita un étonnement certain parmi les Parisiens. Les Anglaises sont aisément reconnaissables dans les caricatures à leur chapeau et à la taille basse de leur robe.

LES ANGLAISES DE 1814.

Adrien Godefroy
Rencontre d'Anglais à Paris,
Le Suprême Bon Ton, n° 23, 1814.

la Restauration :
de la ville occupée à la ville visitée

« Dans une semblable société, quelques soient
les mécontentements secrets qui existassent, Paris fut pour nous
comme un lac glacé, sur les immenses gouffres duquel
nous pouvions glisser sans péril et sans crainte.
Je compterai toujours les jours que j'y ai passés au nombre
des plus heureux de ma vie. »

Walter Scott, *Lettres de Paul à sa famille écrites en 1815.*

Parmi les premiers accourus figure l'illustre Walter Scott. Parti sur les traces de son idole Wellington, il débuta son voyage par un pèlerinage à Waterloo, avant de gagner Paris. Il avait négocié au préalable avec ses éditeurs la commande d'une sorte de reportage sous forme de longues lettres adressées sous le pseudonyme de « Paul ». D'abord surpris par l'animation de la ville, l'écrivain se rendit à bon nombre de réceptions, parfois en uniforme bien qu'il n'eût jamais combattu de sa vie, et réussit à se lier d'amitié avec Wellington. Lorsqu'en parut la traduction en 1822, ses *Lettres de Paul à sa famille* – résolument situées du côté des vainqueurs –, furent mal reçues par les lecteurs français plus habitués aux aventures médiévales de l'auteur, qu'intéressés par ses considérations morales et politiques. Lui-même n'était d'ailleurs pas resté insensible au caractère artificiel de la situation en 1815, notant les réticences des Français à l'encontre des Alliés.

Dans ce climat où les troupes alliées campaient en plein Paris et manœuvraient au pied de la butte Montmartre, les soldats britanniques furent, de tous les nouveaux arrivants, les plus brocardés par les caricaturistes. D'innombrables gravures coloriées témoignent de leur omniprésence : bivouacs au bois de Boulogne ou le long des Champs-Elysées, revues sur l'ancienne place Louis-XV (Concorde), ou rencontres galantes au Palais-Royal. Aux beaux uniformes rouges dépeints sans volonté caricaturale par Carle Vernet et Debucourt, s'ajoute le pittoresque des kilts des « montagnards » écossais. L'attrait des couleurs se double, au sujet de ces derniers, d'une curiosité indubitablement grivoise, objet de plusieurs dizaines d'estampes, dans des publications pourtant intitulées *Le Bon Genre* ou *Le Suprême Bon Ton*. Mais si ces plaisanteries visent surtout les soldats britanniques, c'est aussi par crainte des réactions beaucoup moins amusées de leurs alliés prussiens et russes.

Les caricatures ne se rencontrent plus, de nos jours, que dans la presse, mais l'usage de les acheter sur des feuilles volantes connut une grande vogue à cette époque. Reprenant une pratique déjà répandue à Londres, le graveur et éditeur parisien Martinet présenta le premier, au tout début du siècle, des caricatures en vitrine. Sa devanture de la rue du Coq-Saint-Honoré, renouvelée tous les quinze jours, devint rapidement un lieu de promenade et de discussion. Initiateur de séries d'eaux-fortes vivement coloriées comme *Le Suprême Bon Ton* ou *Le Musée Grotesque* dont la publication s'est échelonnée sur de nombreuses années, Martinet suscita beaucoup de concurrents ; les nombreuses planches rassemblées ici sur le thème anti-anglais en témoignent. Il convient de relever que les Anglais eux-mêmes n'étaient pas les derniers clients pour ces estampes d'un genre dont ils étaient passés maîtres depuis longtemps. Plusieurs bibliothèques anglaises conservent encore des albums factices composés de telles caricatures réunies sur le moment par des voyageurs à l'esprit large. On peut dès lors mieux comprendre cette « floraison »

George Cruikshank
*A peep at the French Monstruosities,
Le Palais Royal de Paris*, 1818.

Ce mauvais lieu attirait tous les Anglais de passage, y compris les plus moralistes qui n'hésitaient pas à en dénoncer ensuite les turpitudes dans leurs récits de voyage.

de caricatures de mœurs à l'encontre de victimes plutôt
consentantes, palliatifs peut-être de rancœurs politiques non
exprimables contre l'alliée des Alliés : la monarchie restaurée.

Après les militaires, les familles n'ont pas échappé à la verve
des caricaturistes, prompts à accentuer la maigreur d'une
silhouette maternelle, à ranger par ordre de taille une progéniture
efflanquée, et à placer le tout sous la houlette d'un père
ventripotent, armé d'un guide touristique. Ces ouvrages
se multiplient : dès 1814, Edward Planta publie à Londres
A New Picture of Paris or the Stranger's Guide... bientôt relayé
par beaucoup d'autres dont ceux édités durant tout le siècle
par Murray à Londres et Galignani à Paris.

En dépit de l'état pitoyable des édifices religieux ruinés
par la Révolution, Paris présentait aux visiteurs étrangers
un grand nombre
de monuments :
le Louvre, les Tuileries,
le Palais-Royal,
les Invalides, bien sûr,
mais aussi de nouvelles
curiosités comme
la colonne Vendôme
et l'Arc de Triomphe
du Carrousel, celui
de l'Etoile étant encore
inachevé. Le journaliste
John Scott fut le témoin
de la dépose
des chevaux
de Saint-Marc

Le Palais Royal de Paris

qui couronnaient le premier de ces arcs ; il décrit longuement cette opération, jugée vexatoire par les Parisiens, qui dut se faire sous la protection de l'armée et l'œil attentif du public anglo-saxon. Si l'on regrette unanimement l'aspect sale et désordonné du centre de Paris et l'absence de trottoirs, les nouvelles percées comme la rue de Rivoli et la rue de la Paix sont admirées, de même que les grands boulevards et les Champs-Elysées. Pour les riches Anglais de passage, il n'est d'ailleurs qu'une adresse d'hôtel convenable, le Meurice, rue de Rivoli.

C'est du reste, dans ces quartiers de l'ouest de la rive droite que devait se concentrer durablement la vie britannique de la capitale. Hormis quelques incursions pour visiter Saint-Sulpice ou le Panthéon, la rive gauche de la Seine était peu fréquentée. Tout au plus certaines demeures aristocratiques du faubourg Saint-Germain s'ouvraient à des Anglais de marque, mais les résidents britanniques restaient rares dans ce quartier, préférant s'établir à proximité de leur ambassade du faubourg Saint-Honoré, au point d'y former rapidement une véritable colonie.

Thiebaut (d'après D.)
Dragon Anglais donnant un gage de sa fidélité en quittant Paris,
vers 1818.

Louis Maleuvre
Le Paquebot, Scène prise entre Douvres et Calais sur le bateau à vapeur la Furie,
Musée Grotesque, n°55.

« Quant à ma traversée il me suffira, je crois, de vous dire que je n'ai pas cessé d'être malade, et tous vos infaillibles remèdes ont été sans succès : je ne pouvais pas soutenir la vue d'un flacon d'eau de lavande ; vos noix muscades m'étaient insupportables, le souvenir seul m'en soulève le cœur. »
Walter Scott, *Lettres de Paul à sa famille écrites en 1815*, vol. 1, p. 7.

Calais aux poissons fait goûter la cuisine.
(Act.)   Le Paquebot.
Scène prise entre Douvres et Calais sur le bateau à Vapeur la Furie.

William Wyld
Palais des Tuileries, 1839.

Sous la Restauration, la monarchie
de Juillet et, plus tard, le Second
Empire, la Cour des Tuileries fut
toujours largement ouverte aux
voyageurs anglais.

vers une colonie anglaise à Paris

« Lady Léonore Griffin occupait, place Vendôme, un appartement meublé des plus incommodes, mais pour lequel elle avait l'avantage de payer un loyer exorbitant, dont le chiffre seul suffisait pour lui donner une certaine position dans le grand monde parisien. »

W. M. Thackeray, *Mémoires d'un valet de pied*, 1841.

Parallèlement à l'arrivée massive des touristes, de plus en plus d'Anglais venaient s'installer durablement dans la capitale, combinant les attraits d'une vie plus libérale et nettement plus économique qu'à Londres. Tous les témoignages concordent, en effet, pour célébrer le faible coût de l'existence en France, du moins si l'on savait se garder des tentations ruineuses de la mode parisienne et de la malhonnêteté des restaurateurs prompts à enfler les additions des touristes. Le respect du train de vie d'une grande famille y était également moins dispendieux qu'à Londres, où les équipages et la domesticité se devaient d'être beaucoup plus fournis qu'en France, et surtout les réceptions d'un luxe beaucoup plus éclatant.

Des écoles spécialisées et des chapelles anglicanes furent fondées pour cette nouvelle colonie britannique en pleine expansion. De plus la renaissance de l'anglomanie dans la population aisée, permit le développement d'un véritable réseau de magasins anglais : cafés, épiceries, pharmacies et librairies s'ouvrirent bientôt à cette double clientèle, favorisant d'autant l'installation de nouveaux résidents. Si les pâtisseries anglaises ne connurent qu'un succès passager mêlé de dégoût, une librairie comme Galignani a su se maintenir jusqu'à nos jours. C'est à cette époque qu'elle entreprit la publication de plusieurs périodiques littéraires de langue anglaise et même d'un quotidien, le *Galignani's Messenger*.

Suivant un recensement des visiteurs et résidents britanniques étudié par Paul Gerbod[3], leur nombre se serait élevé à 13 822 en 1815, pour atteindre 19 020 en 1820. Si l'on écarte le fort contingent d'étrangers francophones – Suisses, « Hollandais » de l'actuelle Belgique et Savoyards – dont le degré d'intégration à la population était sans doute supérieur, il s'agit alors certainement, de la présence étrangère la plus fournie de la capitale et, en tout cas, de la plus voyante. Le terme de « colonie » s'applique ici à un groupe qui conserve ses propres traditions et dont les enfants, même nés en France, conservent la nationalité de leurs parents.

Pour les plus aisés, le centre de ralliement était l'Ambassade au faubourg Saint-Honoré, ancien hôtel de Pauline Borghèse. Avec celles de Wellington dans sa demeure, les réceptions de l'ambassadeur Charles Stuart éblouirent par leur nombre et leur faste pendant la décennie 1815-1824. Il est vrai qu'à cette époque, la cour de Louis XVIII paraissait bien terne. Les visiteurs britanniques étaient pourtant les plus nombreux à essayer de s'y faire admettre, attirés sans doute par une curiosité que la cour d'Angleterre n'aurait pas nécessairement acceptée ; les registres de présentation au roi attestent même leur proportion majoritaire[4]. Mais comment ne pas faiblir devant un monarque qui savait accueillir, en anglais, un de ces groupes en 1815, d'un : « Gentlemen, I am very glad to see you all here[5] ! »

A l'image de son souverain, la vieille aristocratie française, liée à des familles anglaises lors de l'émigration, reçut volontiers

en retour, les visiteurs britanniques de marque, dont un bon
nombre pris l'habitude de revenir chaque année pour quelques
mois, formant une société de semi-résidents. On célébra aussi
de nouvelles alliances matrimoniales chez les Polignac, Castries,
Flahault, non sans, parfois, quelques considérations financières
au sein d'une noblesse appauvrie par la Révolution ;
citons les mariages d'Alfred de Vigny avec miss Bunbury,
et de Lamartine avec miss Birch.

Toute une série de nouveaux salons tenus par de nobles
étrangères, à l'atmosphère souvent plus détendue, s'ouvraient
également à un public cosmopolite, comme celui de lady
Aldborough ou de lady Oxford à Clichy. De leur côté, des femmes
de lettres comme miss Clarke et Helen Maria Williams
continuaient à recevoir leurs invités franco-britanniques.
Ces salons formaient autant de relais pour les nouveaux venus
qui avaient ainsi l'occasion d'être présentés à une assistance
nombreuse. Dès leur arrivée des célébrités littéraires étaient ainsi
« lancées » dans la société mondaine tels, en 1816, lady Morgan,
et en 1819, Thomas Moore, le romantique « barde irlandais » venu,
comme d'autres résidents, oublier ses dettes sur le continent.

On sait comment l'intrépide lady Morgan, forte de sa réputation
d'écrivain irlandais, se fit admettre, en tant qu'étrangère,
dans les cercles légitimistes les plus fermés du Faubourg,
pour sonder l'état d'esprit des nouveaux maîtres du pays,
et publier au retour son réquisitoire, *La France*, au grand scandale
de ses hôtes passés. De retour à Paris en 1818, elle trouva porte
close chez les Ultras, mais fut accueillie avec empressement
par madame de Staël, Benjamin Constant et tout le camp libéral.
Elle tentera, en vain, de renouveler son succès de librairie à la fin
de la Restauration, avec *La France en 1829 et 1830*, ouvrage qui

ne pouvait provoquer le même effet de surprise ; il n'en reste pas moins une source précieuse d'informations, lady Morgan ayant conservé toute son énergie pour aller partout s'enquérir des changements intervenus depuis sa première étude. Si la révolution de 1830, qui éclata peu après son retour en Angleterre, confirma son jugement, elle dut certainement regretter d'avoir manqué de peu un aussi beau reportage !

Enfin, c'est en partie comme lieu d'accueil des diplomates étrangers, qu'à l'imitation de Londres, quelques clubs furent créés, offrant à leurs membres des salons confortables, une bonne table et une bibliothèque abonnée à tous les journaux. Le premier du genre, le *Cercle Français*, fondé en 1824 par Urbain Sartoris et le comte Greffulhe, prit en 1828 le nom de *Cercle de l'Union*, adoptant comme emblème les armes de France et d'Angleterre, et comme principe d'y réunir un nombre égal de membres français et étrangers ; lord Palmerston s'y rendra régulièrement lors de ses séjours parisiens pour s'y tenir informé des nouveautés de la capitale. En 1834, les membres de la nouvelle Société d'encouragement pour l'amélioration des races de chevaux fondèrent à leur tour un cercle d'inspiration britannique, alors situé rue du Helder, le fameux *Jockey Club* dont le premier président sera lord Seymour.

La lecture du journal d'une autre Irlandaise, la comtesse de Blessington, intitulé *The Idler in France* (*Le Flâneur en France*) offre une plongée dans ce milieu insouciant et mondain des dandys et autres « fashionables », habitués du Café de Paris, de Tortoni, des courses et du *Jockey Club*. Arrivé en 1828 à Paris après un long séjour italien, le couple Blessington réside quelque

temps à l'hôtel de la Terrasse, rue de Rivoli, avant de trouver
à louer sur les quais le superbe hôtel du maréchal Ney, qu'il leur
faudra entièrement remeubler. Suit un emploi du temps chargé,
partagé entre les achats d'articles de mode et de curiosités
« du temps de Louis XIV », les visites aux autres Anglaises,
notamment madame Craufurd, et celles à leurs amis français,
généralement légitimistes et tous qualifiés de « charmants »
dans ce récit de la vie quotidienne d'une belle et riche épouse.
Les compagnons de prédilection de la comtesse de Blessington
sont la duchesse de Guiche et son frère Alfred d'Orsay, dandy
aussi célèbre à Londres qu'à Paris. Publié en 1841 chez Galignani,
ce journal fourmille d'anecdotes futiles dont on ne comprend
guère l'intérêt pour les lecteurs de l'époque, mais qui ont pour
nous celui de mettre en scène de nombreux Anglais.
Contrainte de regagner l'Angleterre en 1830, après la mort
de son mari, elle y entama une carrière d'écrivain pour s'assurer
des moyens de subsistance avec le comte d'Orsay, son amant ;
beaucoup plus tard elle devait revenir tenter sa chance à Paris,
mais, vieille, oubliée et ruinée, elle s'y suicida en 1849.

Composée d'abord de soldats vainqueurs et de curieux venus
passer quelques semaines, la présence anglaise s'affirme plus
durable, au fil de la Restauration, formant une société aisée
qui cultive ses particularismes tout en s'intégrant mieux
à la population parisienne. De ce côté aussi la méfiance initiale,
historiquement explicable, cède progressivement la place
à une compréhension nouvelle. La monarchie de Juillet,
plus britannique d'inspiration, devait marquer l'apogée
de cette communauté intellectuelle et mondaine portée
par l'anglomanie de l'époque romantique, dont le témoignage
le plus attachant reste celui des peintres et des aquarellistes.

Paris, cité des artistes anglais

« J'ai admiré dans nos provinces, plusieurs de ces aspects enchantés que les Anglais nous envient et que nous sommes étonnés de reconnaître dans leurs dessins parce que nos artistes ne voyagent pas ou, si l'on veut bien me le permettre, parce qu'ils voyagent mal. »

Charles Nodier.

Le témoignage le plus étonnant de cette sympathie britannique pour la monarchie de Juillet reste le legs, par pur admiration politique, de la collection Standish au roi. Si les nombreux tableaux, notamment espagnols, de l'éphémère musée Standish, ont malheureusement quitté leur galerie du Louvre pour être vendus par Louis-Philippe après la révolution de 1848, l'apport britannique à la vie artistique parisienne de ces années fut très important.

L'accueil réservé aux comédiens anglais illustre d'ailleurs l'évolution de l'attitude des Parisiens face aux représentants de la culture britannique : à la suite du succès remporté par les adaptations des œuvres de Shakespeare et de Walter Scott, le théâtre de la Porte Saint-Martin invita en 1822 une troupe anglaise à venir jouer dans sa langue. L'assistance se pressa pour encourager les acteurs sur scène, mais aux cris de : « A bas Shakespeare ! c'est un lieutenant de Wellington ! »... A peine cinq ans plus tard, le théâtre anglais, remportait un immense succès à l'Odéon et à la salle Favard. La passion exaltée de Berlioz pour l'actrice Harriett Smithson en fut la conséquence la plus tapageuse.

Après Thomas Girtin en 1802, l'illustration d'ouvrages sur Paris et ses environs suscita

Page 32
Thomas Shotter Boys
Le Pont de la Concorde
et la Chambre des Députés,
depuis la terrasse des Tuileries, 1833.

Si le point de vue reste familier, on retiendra toutefois les frondaisons qui dépassent des anciens fossés de la place de la Concorde, les statues monumentales qui ornent le pont et l'absence de celles des villes de France sur les guérites.

Ci-contre
Thomas Shotter Boys
St Etienne du Mont, 1839.

les premiers voyages de paysagistes anglais dans la capitale ; le recueil de John-Claude Nattes, publié sous l'Empire, puis celui de Frederick Nash en 1820 comptent parmi les meilleurs par le pittoresque des points de vue choisis. C'est néanmoins en Normandie, que des dessinateurs comme John Sell Cotman et Augustus Pugin, sensibles à l'architecture gothique, cherchèrent en premier lieu leur inspiration. Turner représenta d'abord Paris comme une simple étape sur le parcours de la Seine vers la mer.

La véritable floraison des aquarelles « anglo-parisiennes » ne débuta en fait qu'après 1824, l'année du succès retentissant de la *Charrette de foin* de Constable au Salon et par là de la reconnaissance du caractère novateur de l'école anglaise en matière de paysage. Nombre d'artistes britanniques se succèderont dès lors sous le ciel de Paris, jusqu'au milieu du règne de Louis-Philippe. Le plus célèbre des artistes anglais de la capitale, Richard Parkes Bonington, avait certes quitté l'atelier de Gros pour entamer une carrière indépendante dès 1822. Mais, plus attiré par les rives de la Seine et les monuments classiques qui la bordent, que par le reste de « cette ville de boue et de malpropreté[6] », Bonington, dont les vues de Paris sont loin d'être nombreuses, se limita au panorama offert par la Cité, le Louvre et l'Institut. Les artistes qui vinrent travailler à sa suite multiplièrent, en revanche, les illustrations de la ville sous ses aspects les plus variés.

Ainsi, en 1831 – soit trois ans après la mort prématurée de Bonington –, pas moins de six aquarellistes de talent œuvrent

au même moment à Paris : T.S. Boys, J. Burgess, William Callow,
David Cox, John Scarlett Davis et James Holland. Louis-Philippe
avait lié connaissance avec divers artistes anglais pendant son
exil, et c'est à Callow qu'il confiera le soin, pendant sept ans,
d'enseigner le dessin à ses enfants. Les princes de Joinville
et de Nemours collectionnèrent d'ailleurs, par la suite,
les aquarelles anglaises.

L'artiste dont le musée Carnavalet conserve le plus grand nombre
d'aquarelles est Thomas Shotter Boys. Trop rapidement classé
parmi les « élèves » de Bonington, Boys, établi à Paris vers 1823,
semble avoir mené sa carrière indépendamment, victime toutefois
de la notoriété fulgurante de son compatriote : certaines
de ses plus belles aquarelles passèrent sans doute très tôt sous
ce nom plus illustre. Ses œuvres possèdent ce raffinement
des couleurs et des notations de lumière qui distinguent le regard

William Wyld
La Place de la Concorde, vers 1838.

Encore cernée de fossés, la place est
pourvue de ses nouvelles fontaines,
statues et colonnes rostrales. Mais, en
complément, Wyld a également dis-
posé sur la balustrade de droite un
désordre «artiste» de tapis et d'ustensiles d'atelier.

des artistes anglais sur Paris, allié à un sens aigu du pittoresque
jusque dans les figures qui peuplent ses compositions.
Contrairement à Bonington qui ne laissa aucune lithographie
parisienne, Boys participa à plusieurs albums avant
d'entreprendre son œuvre la plus aboutie, le volume
des *Picturesque Architecture in Paris, Ghent, Antwerp,
Rouen, etc.*, recueil de vingt-six grandes chromolithographies
imprimées à Londres, en 1839, par Hullmandel. Fier à juste titre
de ses estampes et de leur technique nouvelle d'impression
en couleur, il en fit offrir un exemplaire au roi qui, au grand dépit
du dessinateur, adressa en retour, une bague en remerciement
à l'éditeur ! Soucieux du succès de sa coûteuse entreprise, Boys
rédigea aussi un prospectus publicitaire où il vantait l'élégance
du style des planches de ce volume, « parfaitement adapté au table
de salon ». Sans remettre en cause cette qualité majeure,
accordons toutefois à Boys un mérite bien supérieur
à sa réputation, pour ce qui reste certainement la plus belle série
de lithographies consacrée à Paris, avant le renouveau
de la technique à la fin du XIXe siècle.

Brillant lithographe également, William Wyld séjourna à Paris
de 1833 à 1853, ville où il devait s'éteindre en 1889. Son recueil,
imprimé en deux teintes cette même année 1839, *Monuments
et rues de Paris*, fut préparé par des aquarelles vivement colorées
comme *La Place de la Concorde* (musée Carnavalet).
Beaucoup plus tardive, la *Vue du Jardin du Luxembourg* (1859,
musée Carnavalet), illustre sa capacité à appliquer la même
technique à des surfaces plus grandes sans perdre cette vivacité.
Bien d'autres artistes, comme Ambrose Poynter, mériteraient
d'être mentionnés, sans compter tous ceux qui n'étaient pas
des paysagistes de la capitale, mais n'en fréquentaient pas moins
la ville, tels les frères Fielding, si fréquemment cités par Delacroix

dans son *Journal* ; ou le lithographe J. D. Harding employé
par le baron Taylor pour ses *Voyages pittoresques dans l'ancienne
France.* A défaut de pouvoir insister davantage sur l'intérêt
pour l'iconographie parisienne de ces estampes et dessins,
ou des tableaux de Chalon, de Stanley, d'Arnald et
de William Parrott, il convient de rappeler que sans eux, l'aspect
de la ville à l'époque romantique serait bien mal connu. Partagés
entre les sujets de la peinture d'histoire néoclassique
et les échappées vers le Moyen Age, l'Orient ou la Nature,
peu d'artistes français de renom ont décrit la ville avant
le renouveau des sujets « modernes », après 1848. L'invention
du « vieux Paris », celui des échauguettes médiévales, des
inscriptions publicitaires à demi effacées, du linge aux fenêtres
et des marchés animés, revient peut-être à ces artistes partis
conquérir avec leurs crayons et leurs couleurs les motifs
pittoresques de la ville, comme le feront un peu plus tard
les premiers photographes face aux assauts des géomètres
d'Haussmann.

William Wyld
Le Jardin du Luxembourg, 1859.

William Parrott
Le Quai Conti, 1846.

Les arcades de l'Institut qui abritaient
quelques marchands d'estampes et
de brocante ont été murées depuis, et
le quai élargi pour la circulation.

récits du temps
de la monarchie de Juillet

« Vous allez surprendre sur son bureau un travail curieux.
Ce sont les impressions de voyage de cette lady littéraire,
sa critique de la France et des Français, ses observations
judicieuses sur nos mœurs, notre littérature, notre état social. »

Old Nick (P.-E. Forgues), « L'Anglais », in *Les Etrangers à Paris*, 1844.

Trop brusque pour avoir laissé aux visiteurs étrangers le temps de fuir, la révolution de 1830 les obligea, tout au plus à un repli discret dans leurs demeures. Les pages du journal de la comtesse de Blessington, rédigées chez elle tout volets clos, suggèrent toutefois l'inquiétude régnante : on se souvient alors du sort réservé aux Anglais pendant les précédents conflits.

L'avènement de Louis-Philippe au pouvoir devait, en fait, faciliter l'intégration des Anglais dans la société. Avec la Restauration disparaissait le reproche qui leur était adressé, d'être à l'origine du rétablissement par la force d'une monarchie impopulaire. L'association était d'ailleurs pour beaucoup, injuste, car face à des voyageurs aux opinions politiques tranchées, comme Walter Scott, d'autres, comme lady Morgan, avaient manifesté des avis nettement plus libéraux. A mesure que la politique des Bourbons se durcissait, le duc d'Orléans, bien connu pour son anglophilie, avait sans cesse attiré davantage de voyageurs britanniques chez lui, au Palais-Royal ou au château de Neuilly.

Pourtant la monarchie de Juillet qui, de Philipon à Daumier, n'avait pas été épargnée par les caricaturistes français, connut un résident anglais au regard tout aussi sarcastique : William Makepeace Thackeray.

Songeant alors à une carrière de peintre, le futur auteur de *Vanity Fair* et de *Barry Lyndon,* fréquenta, à son arrivée en 1831, l'atelier de Gros. Vite déçu, et contraint de s'orienter vers le journalisme pour survivre, il continua à illustrer lui-même ses livres de croquis humoristiques. Son premier ouvrage paru en volume, en 1840, rassemblait sous le titre général *The Paris Sketch Book* (*Esquisses parisiennes*), des nouvelles déjà publiées pour la plupart dans des revues ; y alternent des récits historiques ou modernes, et des essais ironiques sur l'état de la politique, de la littérature et des arts en France, l'auteur réservant tous ses éloges pour Daumier dans un long article consacré à l'essor de la lithographie à Paris. L'essentiel de l'intrigue des *Mémoires d'un valet de pied* (*The Yellowplush Papers*), roman écrit au même moment, se situe dans la capitale, où le fils dépravé d'un lord ruiné tente d'y épouser une riche aventurière anglaise. Thackeray livre là sa vision des résidents britanniques, fuyant leurs créanciers pour prolonger à Paris une vie partagée entre le jeu et les débauches, tout en feignant d'apparaître, par leur arrogance et leur snobisme, de grands personnages. Son jugement sur l'inconséquence des Parisiens n'est guère plus flatteur, et l'on en vient à se demander comment Thackeray a pu rester près de six ans dans la capitale, et y retourner si souvent jusqu'à sa mort. Sans doute n'appréciait-il pas davantage Londres, et préférait-il, à tout prendre, une ville dont il avait rédigé un guide du gourmand !

Plus encyclopédique dans son approche, madame Trollope, forte de la publication couronnée de succès du récit de son voyage rocambolesque au cœur de l'Amérique, débarqua à Paris afin de mener sa nouvelle enquête, *Paris et les Parisiens en 1835.* En dépit d'un âge avancé et de sa méconnaissance du monde, madame Trollope réussit à parcourir systématiquement tous les lieux de la capitale pouvant être d'un quelconque intérêt :

de l'atelier du peintre Dupré aux séances à la Chambre, de la Morgue
à l'Opéra, et aux sermons de Lacordaire à Notre-Dame ; sans oublier
ses rencontres avec George Sand, Chateaubriand et – grâce à Mary
Clarke qui était sa voisine à l'Abbaye-aux-Bois – avec madame
Récamier dont elle nous décrit tout l'intérieur !

Même remplis de jugements hâtifs, la richesse de ces trois volumes
confond, bien que Thackeray ait ironisé sur la porté d'un tel
témoignage : «Notre conviction est qu'avec nos principes anglais et
notre constitution morale et physique, il est parfaitement impossible
que nous réussissions à acquérir une connaissance approfondie
de nos pétillants voisins ; quand des auteurs tels que lady Morgan
ou madame Trollope, qui ont fréquenté un certain nombre de
"tea-parties" à Paris, commencent à jacasser sur les Français et
leurs manières, avec tout le respect dû aux talents de ces dames,
nous pensons que leurs informations ne valent pas un sous : elles ne
nous parlent que de "tea-parties" et non des Français. Les "thés"
sont les mêmes dans le monde entier, à la réserve près que chez
les Français, ils sont plus légers et plus habillés, et que chez nous,
il y a sensiblement plus de thé dans la théière[7]. »

On portera cependant au crédit de ces témoignages féminins,
de Fanny Burney à lady Morgan, de la comtesse de Blessington
à madame Trollope, une vivacité de ton et une variété de sujets
abordés bien supérieures à celles de leurs contemporains masculins.
Walter Scott et surtout son parent John Scott en 1814-1815,
Thomas Dibdin en 1825 ou Bayle Saint-John en 1852 livrent
des informations fort précieuses sur Paris, mais le plus souvent au fil
de longues considérations historiques et politiques, qui en rendent
la lecture moins agréable et affaiblissent la spontanéité
du témoignage. Que penser, d'ailleurs, de ces discours moraux face
à ce qui semble attirer bien davantage les Anglais à Paris ?

des plaisirs du Second Empire à ceux des Expositions universelles

« Pendant près de trois mois, la capitale présenta l'aspect d'une vaste foire. L'Exposition universelle de cette année inaugura l'ère des voyages de la classe moyenne qui sont devenus depuis si fort à la mode, surtout en Angleterre. »

Un Anglais à Paris, notes et souvenirs, **1894**.

Parallèlement à l'amélioration des relations politiques entre la France et la Grande-Bretagne, celle des transports fut déterminante pour permettre l'afflux croissant des visiteurs. Dans les années 1840, l'établissement de lignes régulières de bateaux à vapeurs réduisit à deux heures et demie la durée de la traversée de la Manche, tout en évitant l'attente de vents favorables dans les ports. Enfin, la construction progressive du chemin de fer rapprochait plus encore Paris. Toutes ces conditions étant réunies, il ne manquait plus qu'un événement spectaculaire pour justifier le déplacement d'un nombre accru de touristes : ce fut le cas de l'Exposition universelle de 1855.

L'exemple vint, il est vrai de haut, la reine Victoria elle-même se rendit en août à l'Exposition. Sa visite suscita un accueil enthousiaste de la population, dans une ville entièrement pavoisée sur les ordres du nouvel empereur qui ne pouvait qu'être satisfait de cette marque de reconnaissance politique. Mais la reine ne fut pas la seule à traverser la Manche ; sur les 130 000 visiteurs étrangers, on en dénombra 40 000 de nationalité britannique, puis 50 à 60 000 à l'Exposition suivante en 1867, dont 20 000 conduits par l'agence Cook (au tarif de 36 shillings pour quatre jours). En 1878, les Anglais représentaient 64 000 des 218 000 étrangers qui se déplacèrent, et près de 100 000 en 1900[8]. C'est en proposant billets de trains et séjours en groupe lors des Expositions universelles, que Thomas Cook bâtit sa renommée.

Page 44
Imagerie de Metz (Gangel)
Entrée de S. M. la reine d'Angleterre
L'arc de triomphe
de L'Opéra-Comique, 1855.

Dressé par les décorateurs de l'Opéra-Comique, l'arc suscita de nombreux commentaires élogieux.

Ci-contre
Régnier, Bettannier, Morlon
(d'après Philippe-Jacques Linder)
— Moa, très faché d'avoir apporté
mon femme.

Cette innovation fut relevée par «un Anglais à Paris» dont les souvenirs anonymes publiés en 1893-1894, constituent un intéressant témoignage, couvrant la période de 1835 à 1871, vue non par un voyageur mais par un résident. L'on a cru, à tort, y reconnaître Richard Wallace (s'agit-il d'A.D. Vandam?) : «L'Exposition universelle de cette année [1855] inaugura l'ère des voyages de la classe moyenne qui sont devenus depuis si fort à la mode, surtout en Angleterre. Dès avant 1855, la construction des chemins de fer avait sans doute amené pas mal de nos compatriotes à Paris, mais ils appartenaient à une tout autre classe que ceux qui envahirent alors la capitale de la France. C'étaient, ou des hommes d'affaires, venus pour leurs affaires, bien que ne dédaignant pas de se divertir entre temps ; ou bien des membres de l'aristocratie britannique, classés parmi les «upper ten», ou se donnant pour tels et voyageant plus ou moins en grands seigneurs. Ils arrivaient individuellement, déposaient leur carte à l'Ambassade, etc. Tous ces nouveaux venus, au contraire, arrivaient en groupe, se réunissant sans se connaître et faisant route de compagnie ; de l'hôtel Meurice, de l'hôtel Bristol, ils ignoraient même l'existence ; ils encombraient en revanche le Palais-Royal et ses restaurants secondaires ; ajoutons que la plupart ne savaient pas un traître mot de français[9].»

La connaissance ou non du français, qui reste pour quelques

années encore la langue de culture de l'Europe, marque désormais
la distinction entre l'élite britannique en voyage et le gros
des touristes. A nouveau vers 1860, de nombreuses estampes
satiriques d'après Gustave Doré ou Linder mettent en scène
des Anglais rougeauds ou efflanqués, vêtus à présent de costumes
à carreaux et affublés de favoris, visiblement heureux de voir
leur dialecte compris par des demi-mondaines surtout intéressées
par leurs portefeuilles. On retrouve là, bien sûr, l'Anglais
du théâtre de boulevard et des opérettes d'Offenbach...

Si les nouveaux touristes tenaient à présent la vedette,
Paris continuait évidemment à attirer de nombreuses
personnalités britanniques. La Cour impériale, dont le couturier
Worth se fera l'arbitre de l'élégance, n'était pas en reste :
Louis-Napoléon Bonaparte n'avait-il pas passé des années d'exil
en Angleterre comme tous les souverains français depuis Louis
XVIII ? Sans compter sa favorite miss Howard – écartée après son
mariage –, figuraient, parmi les proches de l'empereur,

lord Hertford, dont il partageait le caractère secret, et le nouveau
duc de Hamilton, de l'illustre famille écossaise. Son père,
bien connu pour sa ferveur bonapartiste cultivée de longue date
à la face de l'Angleterre, lui avait d'ailleurs fait épouser en 1843
une nièce du futur Napoléon III.

La Ville séduisait aussi les artistes et les écrivains.
Charles Dickens, par exemple, qui avait rencontré trop de monde
en 1846-1847, décida d'y retourner incognito, en vain d'ailleurs,
en 1855-1856, puis – notamment pour des lectures publiques –,
en 1862, 1863, 1865, 1866, 1868... Mais ses voyages, connus
par sa correspondance, ne donnèrent pas lieu à un grand récit,
Le Conte de Deux Villes, rédigé antérieurement, se situant
sous la Révolution. Autant les premières décennies du XIXe siècle
sont riches en relations de voyage à Paris, autant le genre semble
s'être un peu épuisé ensuite. Sans doute, à l'heure des voyages
de masse, faut-il aux explorateurs anglais des destinations un peu
moins convenues. L'Ecossais Robert Louis Stevenson, dont
les séjours dans la capitale furent fréquents jusqu'à son départ
d'Europe, n'aborda littérairement le pays, comme l'on sait,
qu'à dos d'âne dans les Cévennes.

Ceci n'empêchait pas le nombre des résidents de s'accroître
encore. S'interrogeant sur la présence étrangère à Paris
dans son étude pionnière de 1895, le docteur Bertillon dénombrait
7 490 Anglais installés dans la ville en 1872, 10 789 en 1881,
et 12 727 en 1891 (14 970 pour le département de la Seine).
Il relève toutefois leur concentration dans les beaux quartiers
de l'Ouest de la capitale, tandis que les ouvriers italiens et belges
logent au Nord et à l'Est. Aucune profession ne se signale
d'ailleurs par une forte proportion d'Anglais, même parmi
la domesticité, où ceux-ci avaient acquis une renommée certaine

comme valets de chambre, nurses ou palefreniers. A la fin
du siècle, la colonie anglaise est donc encore composée pour
une large part d'inactifs comme sous la Restauration,
et donc vouée à décliner proportionnellement face aux autres
communautés étrangères.

Parmi ces résidents fortunés, le plus secret reste lord Hertford,
le demi-frère du très public lord Seymour. Après une enfance
parisienne et quelques années à Londres pour entrer
dans ses biens, Hertford revint vivre à peu près définitivement
dans la capitale à partir de 1838. Exilé volontaire, il partagea
son existence entre son appartement à l'angle de la rue Laffitte
et du boulevard des Italiens, à proximité de l'hôtel Drouot,
et son château de Bagatelle, pour y vivre presque en reclus.
Il réussira à écarter la plupart des sollicitations que suscitaient
son rang et sa fortune – la première d'Angleterre – pour
se consacrer presque exclusivement à sa célèbre collection
de peintures et d'arts décoratifs, n'admettant guère dans son
entourage que Napoléon III et le jeune prince impérial. Mort
peu avant Sedan, il transmit sa fortune à son fils naturel,
Richard Wallace qui manifesta à plusieurs reprises sa générosité
envers les Parisiens, ce dont témoignent encore les célèbres
fontaines. La collection qu'il accrut à son tour de quelques
chefs-d'œuvre, fut finalement en grande partie léguée
par sa veuve, d'origine française, à la nation britannique
pour constituer le somptueux musée que l'on connaît.

Une autre collection, réunie de même à Paris par un riche Anglais,
connut un sort équivalent, et forme aujourd'hui le Bowes
Museum à Barnard Castle. Installé définitivement à Paris
à partir de 1847, John Bowes et son épouse française resteront
bloqués en Angleterre pendant la guerre de 1870 et décideront

après la Commune d'exposer
leur collection dans un lieu plus
pacifique, ce que les aléas
de l'histoire de Paris au XIXe siècle
pouvaient justifier. S'il apparaît
donc peu prudent d'y placer
son patrimoine, la capitale
de la nouvelle République n'en
perdait pas pour autant son attrait
face à l'Angleterre victorienne.
Paris abritera aussi bien les frasques
du prince de Galles, que la déchéance d'Oscar Wilde. Les estampes
de Toulouse-Lautrec, *L'Anglais au Moulin Rouge* (1892),
et de Richard Ranft, *L'Anglais aux Folies-Bergères* (1899),
reprennent là un thème décidément récurrent dans toute
l'iconographie des Anglais à Paris au XIXe siècle, des galeries
du Palais-Royal aux cabarets de Montmartre.

De la Révolution à la veille de l'Entente cordiale de 1904, Paris
aura donc connu bien des visiteurs britanniques qui, militaires
ou artistes, marchands ou touristes y auront reçu un accueil
variable suivant les circonstances. La plupart semblent avoir
néanmoins, pris plaisir à parcourir la ville, en dépit

Charles Marville
*Lord Hertford, Madame Oger
et Richard Wallace à Bagatelle,*
avant 1870.

Cette photographie est la seule qui
réunisse Lord Hertford et son fils
naturel, alors connu comme son
secrétaire particulier.

1. Gerbod, 1991, p. 61-62.
2. Burney, 1992, p. 213.
3. Gerbod, 1991, p. 90.
4. Elkington, 1929, p. 87.
5. *Croker paper*, I, p. 66-67.
6. Lettre du 3 décembre 1824.
7. *The Paris Sketch Book*, p. 99.
8. Gerbod, 1991, p. 115 et p. 137.
9. *Un Anglais à Paris*, 1893, vol. 2, p. 146-147.
10. Lemoinne, vol. 2, p. 1058.

des désagréments abondamment relatés dans leurs journaux de voyage, l'absence de bons trottoirs à celle de sens moral parmi les habitants. Mais les défauts perçus chez les autres ne sont-ils pas un peu rassurants pour soi ? Tous y auront eu en retour le privilège d'être ridiculisés par la caricature. Pour équilibrer cette iconographie, il a paru plus « fair play » de laisser la place, à présent, aux témoignages directs de certaines des personnalités évoquées dans cette introduction. Toutefois, en limitant ce choix de textes aux seuls passages où les Anglais parlent de leurs compatriotes en voyage – semblant user avec largesse de leur sens de l'humour envers eux-mêmes – il n'échappera pas au lecteur que nous avons surtout laissé, perfidement, la parole à de brillants Ecossais ou Irlandais. Que ceci, du moins, constitue leur revanche sur le titre réducteur de cette exposition. Quant aux véritables Anglais, qu'ils sachent qu'à la fin du XIXe siècle, la richesse croissante de leurs cousins américains signala ces derniers aux caricaturistes français, et provoqua dans l'attitude des Parisiens une prise de conscience toute hôtelière de la pluralité des mondes ; c'est ce que constatait John Lemoinne dans *Paris-Guide*[10] : « Aujourd'hui les Anglais vivent à Paris comme tout le monde. L'ancien Anglais de la comédie a disparu : le traditionnel mylord qui se manifestait, comme Jupiter, par une pluie de guinées. On l'a tellement exploité dans les hôtels ; on s'est tellement moqué de lui dans les vaudevilles, qu'il est devenu méfiant et a appris à compter dans la monnaie du pays. Il a cédé la place à de nouveaux venus, et sur ce terrain encore l'Américain vient le supplanter. La palme est désormais aux transatlantiques ».

Adolphe Pinçon
(d'après Gustave Doré)
J'tiens mon Anglais !

G. Doré pinx.ᵗ

27

Pinçon lith

J'TIENS MON ANGLAIS !

Paris. Bulla frères, 16.r Tiquetonne.

Imp Lemercier & Cⁱᵉ Paris

dictionnaire anecdotique et portatif

Pour aider à situer
ces témoignages, chaque
citation est suivie de la mention
abrégée de l'ouvrage dont
elle est tirée et de sa date
initiale de publication,
mais les indications de page
correspondent à l'édition
utilisée (éventuellement plus
tardive) et mentionnée dans
la bibliographie placée
en fin de volume.

Accidents de circulation

«Ces accidents sont beaucoup plus fréquents depuis l'affluence
des étrangers, dont chacun conduit à sa mode et crie gare
en sa langue que le piéton est forcé de comprendre à ses risques
et périls.» (Walter Scott, *Lettres de Paul à sa famille écrites
en 1815*, 1822, vol. 1, p. 133.)

Addition

Louis Quéverdo
*Milord Bouffi payant sa Carte
à Madame Véri.*

Célèbre restaurateur, Véry exploitait
deux coûteux établissements au
Palais-Royal et sur la terrasse des
Feuillants.

«La facilité des communications a amené à Paris,
depuis une trentaine d'années, un grand nombre
d'Anglais, qui, peu familiarisés avec le français
et avec les meilleures habitudes françaises, en sont
arrivés à considérer l'agitation et le fracas
de certains restaurants parisiens, l'attitude
de sans-gêne des garçons, leurs excentricités
de langage, leur adresse à enfler démesurément
la note, comme des choses admises et naturelles. Les abréviations
que le garçon emploie en énumérant la liste des mets deviennent,
aux yeux de notre compatriote, un habile maniement de la langue
par l'indigène ; dix fois pour une, on peut parier qu'il tentera à son
tour d'employer le même jargon en donnant ses ordres, et non sans
en tirer une sorte de vanité. Le fracas et l'agitation, il les attribue
au tempérament plus vif de nos voisins ; le sans-gêne des garçons
à leur désir de guider l'ignorant étranger dans le sentier épineux
des difficultés grammaticales ; enfin la multiplicité des "item"
est regardée par lui comme une manifestation inévitable de l'avidité
française.» (*Un Anglais à Paris, notes et souvenirs*, 1893,
vol. 1, p. 35.)

Amateur

«Sa maison [celle du collectionneur Vivant Denon], sur le quai
Malaquais, est le rendez-vous de tous les amateurs anglais

a

qui ont des lettres de recommandation ; et c'est rendre justice à Denon de dire que jamais personne ne supporta avec plus d'aisance et de meilleur grâce les petits inconvénients qui doivent fréquemment résulter de sa facilité à recevoir tant d'étrangers dans sa maison. J'ai quelquefois trouvé ses salons remplis de messieurs et de dames anglaises ; et un jour, par hasard, je m'y trouvais à la tête de vingt-deux personnes, parmi lesquelles étaient trois officiers anglais, et un plus grand nombre de membres de nos deux Universités. J'avouerai qu'en nous recevant, il me tira doucement à l'écart pour me faire cette observation : "mon ami, quand vous viendrez une autre fois, ne commandez pas, je vous prie, une armée si nombreuse, je m'imaginerais encore être en Egypte" ; ce qui était encore plus embarrassant, c'est qu'il s'y trouvait déjà une autre compagnie anglaise aussi nombreuse que la nôtre. Il ne me fit cependant aucune autre réprimande sur mon indiscrétion. » (T. F. Dibdin, *Voyage bibliographique, archéologique et pittoresque en France*, 1825, p. 162-163.)

Milord Bouffe payant sa Carte à Madame Vera

Ambassade

« L'hôtel Borghèse, ci-devant la

résidence de la princesse Pauline, est maintenant la demeure de l'ambassade d'Angleterre. Rien n'y est changé que ceux qui l'habitent [...]. Dans l'hôtel Borghèse, la chambre à coucher de parade de la belle princesse est maintenant une sorte de salle d'audience pour l'ambassade britannique. Le dais superbe de velours cramoisi qui ombrageait, pendant son sommeil, la plus jolie femme de France, est aujourd'hui le représentant du trône d'Angleterre. Dans la ruelle où s'assemblaient autrefois les prêtresses de la mode autour de leur idole, à son réveil, pour décider de la tournure à donner à un crochet de cheveux, ou pour obtenir le brevet d'invention d'un chapeau, la diplomatie développe son tissu de toutes couleurs du bien et du mal, et les têtes les plus graves de l'Europe s'occupent à balancer ses relations diplomatiques dans l'endroit où les plus aimables débattaient autrefois. » (Lady Morgan, *La France*, 1817, vol. 2, p. 79-80.)

Anglomanie

« J'eus la vulgaire fantaisie de faire ma cour à ma petite fille, en flattant ses penchants gastronomiques ; et je sors dans l'intention de faire quelques emplettes chez le confiseur [...]. Je m'arrêtais à la première boutique que je trouvai sur ma route. [...] je demandai hardiment des diablotins en papillotes, des pastilles et d'autres jolies sucreries ; mais une demoiselle placée derrière le comptoir, aussi pimpante que la mousseline anglaise et la tournure française pouvait le faire, me répondit froidement en anglais estropié : "We sell no such a ting" [nous ne vendons point ces choses-là]. Un peu surprise, je lui demandai ce qu'elle me conseillerait de prendre pour un marmot, ce qui pourrait fondre aisément dans la bouche, sans trop salir ses doigts. "Dere is every ting that you may have want" répliqua-t-elle en me montrant des piles de biscuits, de crackers, de bun, de plum-cake, de spice gingerbread, de mutton et de mince-pye, de crompet et de muffin, de gelée

de pied de veau et de mapple dumplin, comme elle les appelait.
Je restai muette d'étonnement ! Une chose qui méritait seule
un voyage à Paris, quand on n'aurait pas d'autres motifs pour
le visiter, est l'exquise bonté de ses sucreries si légères, si parfumées,
qu'elles ressemblent à des odeurs congelées, à des cristallisations
de l'essence des fleurs. Plum cake, apple dumpling – sucre
de plomb, boulettes de plomb ! [...] La graisse de mouton fondait
au soleil, le jus de beef-steaks s'exhalait du foyer brûlant, le four
était plein de pâtés aux pommes ; en un mot, le pandémonium
d'une cuisine de campagne anglaise, une veille de Noël,
m'apparaissait par une matinée d'avril, en vue des lits de violettes
et des bordures de jacinthes de l'Elysée des Tuileries. Je me frottai
les yeux, j'avais peine à croire à l'évidence. Je regardai l'enseigne
et j'y lus, en lettres d'or, sur une planche noire, que "here is to be
had all sorts of english pastry" de Tom ou Jack, un tel, "pâtissier
de Londres" [...]. Je croyais ne pouvoir me sauver assez vite
de l'atmosphère indigeste, nauséabonde de Cornhill ou du cimetière
Saint-Paul ; et achetant seulement un paquet de crackers, assez durs
pour faire craquer les dents d'un éléphant, je le remis à mon
domestique et je sortais en hâte de la boutique. » (Lady Morgan,
La France en 1829 et 1830, 1830, vol. 1, p. 86-89.)

Argent

« Dès que la mort de notre vaillant officier eut permis aux deux
dames de quitter les Indes, elles s'étaient empressées d'aller jouir,
sous un climat moins brûlant, de la belle fortune amassée
par le cher défunt. Un séjour de quelques mois à Londres leur ayant
démontré que la qualité de parvenus les empêcherait d'y briller
dans la meilleure société, elles s'étaient décidées à visiter Paris,
où les étrangers deviennent de grands personnages, pourvu
qu'ils aient assez d'argent à dépenser. » (W. M. Thackeray,
Mémoires d'un valet de pied, 1841, p. 112-113.)

Bagages

« Quelle idée terrifiante de la civilisation, si nous entreprenions l'inventaire [...] des bagages d'un Anglais de nos jours !
Entamons cette formidable autopsie. Une malle anglaise à dix-huit compartiments ; d'un côté le linge, de l'autre les hardes,
les chapeaux, les souliers, les ustensiles, les secrétaires, les boîtes à écrire, les parfumeries, etc., etc., etc. [...] et, selon les cas, un siège pliant à quatre double, un parapluie à tubes concentriques comme une lorgnette, quelques boîtes d'ipécacuanha, la fameuse boîte de soda-water, [...] une boîte de couleur, s'il est peintre, une trousse de chirurgie, s'il est praticien, un herbier, s'il est botaniste,
une pochette, s'il est danseur, trois dictionnaires, s'il est écrivain, quelques pavés, s'il est antiquaire, un almanach,
s'il est commerçant, un épagneul, s'il est sensible. »
(Charles Marchal, *Physiologie de l'Anglais à Paris*, 1844, p. 22-24.)

Anonyme
*Bivouac anglais
au Champs Elisées,* 1815.

Bal à la Cour

« Un Anglais n'est pas plus tôt francisé, que l'ambition lui vient d'aller à la Cour. C'est une faveur qu'il n'a jamais rêvée
en Angleterre, où il ne connaît de sa gracieuse majesté britannique que ce que les journaux veulent bien lui en conter. [...] Le bal
de la Cour semble la mesure de l'ambition de l'Anglais à Paris, c'est un avantage qu'il partage avec le garde national bien pensant, le charcutier, le parfumeur aisé, et l'entrepreneur de n'importe quoi. » (Charles Marchal, *Physiologie de l'Anglais à Paris*, 1844, p. 119-123.)

b

Bivouac

«Les brillantes lumières qui éclairent les allées des Champs-Elysées n'indiquent aucune de ces veilles fréquentes dans une métropole ; sont les feux d'un camp, d'un camp anglais, et dans la capitale de la France, où le roulement d'un tambour anglais ne s'était point fait entendre depuis le quinzième siècle, lorsque les troupes d'Henri VI furent chassées de Paris.» (Walter Scott, *Lettres de Paul à sa famille écrites en 1815*, 1822, vol. 1, p. 119.)

BIVOUAC ANGLAIS AU CHAMPS ÉLISÉES.

A Paris, chez Genty Rue St Jacques, N.º 14.   Déposé à la Direction des Estampes.

Café de Paris

«Le Café de Paris était, à cette époque, le premier restaurant,
non seulement de Paris, mais de l'Europe entière. De fondation bien
plus récente que les Frères Provençaux, Véfour et Véry, il avait été
inauguré le 15 juillet 1822, au coin de la rue Taitbout
et du boulevard des Italiens, dans les vastes appartements qu'avait
occupé précédemment le prince Demidoff. [...] Il différait fort
des autres restaurants de l'époque, même du Café Hardi, son voisin
et rival, situé au coin de la rue Laffitte, sur l'emplacement actuel
de la Maison Dorée. On n'y avait pas, comme ailleurs, prodigué
dans la décoration le blanc et l'or et les glaces. "Rien au moins,
disait plaisamment lord Palmerston, qui approuvait tout à fait
cette proscription des miroirs, rien n'y rappelle sans cesse
à l'épicurien qu'il n'est pas en mangeant de beaucoup supérieur
au reste des hommes" [...]. L'appartement entier était garni de tapis,
luxe alors inconnu à Paris, même dans les meilleurs établissements
de ce genre, où les parquets étaient cirés ou simplement sablés [...].
En règle générale, cependant, il y avait peu d'étrangers au
Café de Paris ; je veux dire peu de clients de hasard, mais surtout
des habitués. Certaines tables, celles du marquis du Hallay,
de lord Seymour, du marquis de Saint-Cricq, de M. Romieu,
du prince Rostopchine, du prince Soltikoff, du docteur Véron, etc.,
etc., étaient absolument sacrées et défendues en principe contre
l'invasion de qui que ce fût. Lord Palmerston, pendant ses séjours
à Paris, dînait rarement dans un autre restaurant.»
(*Un Anglais à Paris, notes et souvenirs*, 1893, vol. 1, p. 32-38.)

Caricatures

«Un soldat écossais et un prussien, montaient la garde ensemble
à la barrière de Saint-Denis [...]. La dame française dans la diligence
montra du doigt l'Écossais, qui portait le costume des Highlands,
et s'exclama en me regardant : "Ah, que c'est drôle !" En remontant

C

la rue du faubourg Saint-Denis, nous vîmes beaucoup
de particuliers britanniques, flânant avec un air de contentement
nonchalant – regardant les éventaires des marchands d'estampes
où ils étaient caricaturés, – marchandant le raisin avec
les vendeuses de fruits, – ou s'offrant un verre de limonade de l'un
de ces marchands ambulants si nombreux à Paris.»
(John Scott, *Paris revisited in 1815,* 1816, p. 265.)

Carnavalet

«M. de Prony nous fit l'honneur de demander notre adresse ;
nous nous informâmes de la sienne, et il nous répondit : – "Hôtel
de Carnavalet au Marais." – "Alors vous logez avec Madame
de Sévigné?" – "Oui, Madame, dans sa propre maison." – "Bonheur
suprême !", dis-je tout bas, et je résolus de me prévaloir
de l'étiquette française, qui exige que l'étranger fasse la première
visite, pour ne pas perdre un jour avant de rendre mon hommage
à la chasse de "Notre-Dame des Rochers", depuis si longtemps,
dans mon imagination, l'objet d'un pèlerinage agréable.»
(Lady Morgan, *La France en 1829 et 1830*, 1830, vol. 2, p. 136.)

Centigrade

«Tout le monde s'est plaint de l'effroyable chaleur du temps.
Le thermomètre s'élève à... je ne sais combien de degrés,
car leur échelle n'est pas la mienne ; ce que je sais pourtant fort
bien, c'est que le soleil a brillé sans miséricorde pendant toute
la semaine qui vient de s'écouler, et que chacun déclare
positivement qu'il est grillé. Or, de toutes les villes du monde,
celle où il vaut mieux être grillé, c'est Paris. Je viens de lire
le charmant conte de George Sand, intitulé Lavinia, qui roule
sur rien du tout, et j'ai choisi pour cabinet d'étude l'ombre la plus
épaisse du jardin des Tuileries.» (Madame Trollope, *Paris
et les Parisiens en 1835*, 1836, vol. 3, lettre 65, p. 168.)

Confort français

« – "Voilà le salon de Madame". C'était une triste et vaste pièce.
Le rude attouchement du froid parquet n'était intercepté par aucun
tapis. Un régiment de chaises de grenadiers rangées le long
des murs, couvert d'ornements gothiques, deux bergères
de cérémonies placées de chaque côté de la caverneuse cheminée,
des glaces ternies, des girandoles [...], une lourde pendule
et une table sur laquelle l'édit de Nantes pouvait avoir été signé [...]
composaient tout l'ameublement de parure et d'utilité de ce type
de vignettes qui ornent les vieilles éditions de Marmontel.
Je soupirai, je haussai les épaules. [...] "Mais il n'y a point
de toilettes", dis-je. Ce terme assez improprement appliqué à une
table de toilette, n'était pas du vocabulaire de Pierre [le garçon

d'hôtel]. Je m'expliquai ; il me montra un grand, vieux miroir couvert de poussière, placé sur le haut chambranle de la cheminée ; [...] puis sur le marbre d'une énorme commode, un petit saladier de faïence et une carafe contenant une pinte d'eau bourbeuse. "Voilà", dit-il, "tout ce qu'il faut pour la toilette de Madame".

John James Chalon
Une Matinée aux Thuilleries, 1821.

Enfin, je demandai un tapis. – "Un tapis ! Seigneur Dieu ! Un tapis pour cacher ce beau parquet ! Madame sait-elle pourquoi les Anglais font usage de tapis ? C'est parce qu'ils n'ont pas de parquets". – "Si vous n'avez pas de tapis, je ne puis rester chez vous". – "Ah ! c'est autre chose", dit Pierre ; et s'éloignant avec une inconcevable rapidité, il rentra au bout d'un instant avec un vieux morceau de tapisseries représentant les amours de Télémaque et d'Eucharis, d'antique mémoire, lequel, après avoir servi à plus de cent Fêtes-Dieu, passait maintenant à son service. – "Voilà", dit Pierre en déroulant à mes pieds son trésor de poussière, "Voilà, Madame votre affaire". Pour tenter un dernier effort en faveur de notre bien-être, je commandai du feu [...]. Bref, nous trouvâmes que notre hôtel garni était dégarni de tout ce qui est commode, de tout ce que les Anglais sont accoutumés à regarder comme nécessaire au bien-être personnel [...]. Telle fut mon arrivée en 1816.

Voici la contrepartie. A notre entrée dans l'hôtel, en 1829 [...], l'appartement auquel nous fûmes conduits par mon hôte et ses aides, était une véritable boîte à compartiments aussi bien fermante qu'un coffret de la Chine. On y voyait du feu dans chaque cheminée, des tapis sur tous les planchers, des chaises mobiles, des glaces réfléchissantes, des sofas pour se reposer mollement, des tabourets pour se casser le cou ; en un mot tout le fatras confortable et toutes les commodités incommodes de ma cabine de Kildare street. » (Lady Morgan, *La France en 1829 et 1830,* 1830, vol. 1, p. 28-32.)

Conversation

«Ils sont extrêmement polis et prévenants, mais à travers
toutes leurs attitudes, leurs façons d'être, leurs attentions,
on découvre un fonds de sans-gêne, d'insolence, d'orgueil
et de prétention [...]. Ils m'accueillent dans leurs coteries les plus
intimes... Ils..., en un mot, ils me protègent et le résultat de tous
ces égards est que je reviens humiliée de leur sympathie, accablée
de leur bienveillance. J'entre, et l'on m'installe sur un canapé.
Arrivent une jeune duchesse, une vieille marquise, laquelle
m'accorde cinq minutes comme, à ma honte, il m'est arrivé
de le faire pour quelque voisin de campagne ou quelque parent
éloigné. Suivent alors quelques phrases d'usage dont l'accent
et la tournure me donnent grande envie de saisir les coussins
du sofa et de prendre pour cible leurs têtes crêpées : "Vous aimez
Paris?" – "Vous plaisez-vous parmi nous?" Sans que jamais
la chose fasse le moindre doute ou soit mise en question. "Lady
Unetelle est bien : on ne la soupçonnerait pas d'être anglaise." –
"Vous avez des enfants ; vous êtes bien heureuse de pouvoir
les former à Paris". [...] et cent autres gracieusetés du même genre ;
rien au pied de la lettre, tout dans l'intention.» (Lady Granville,
Letters, vol. 1, p. 318-320, cité par Boutet de Montvel, 1911, p. 166.)

Coulisses

«Je serais curieux, me dit cet étranger, de voir les coulisses
[de l'Académie royale de musique, rue Le Pelletier], le jeu
des mécaniques, les foyers de lumières qui font l'aurore à dix heures
du soir, et la lune en plein midi ? [...] Bon Dieu ! combien notre
admirateur avait les yeux dessillés ! [...] L'Aurore elle-même,
aux doigts de rose, n'était qu'un groupe de quinquets masqués
par des papiers transparents [...] quant aux acteurs, il vit un monstre
des enfers prendre tranquillement sa prise de tabac, et la chaste
Minerve assigner un rendez-vous dans sa loge à un gros milord,

qui lui compte un certain nombre de pièces d'or sur son bouclier... »
(M***, *Le Petit Diable boiteux ou le guide anecdotique des étrangers
à Paris*, 1823, p. 25-26.)

Couvent

« Le couvent anglais, ou, comme on l'appelle, le couvent
des Sœurs bleues de la rue Saint-Victor, est le seul établissement
de ce genre qui ait survécu à la Révolution et traversé la République
[...]. Mme S... me conduisit à la chapelle, dévastée par les mains
impies des révolutionnaires. Son aspect me causa un sentiment
de surprise et d'horreur. Les fenêtres étaient enlevées, les draperies
flottaient au vent, l'autel était en pièces et renversé, le dallage était
défoncé et les caveaux funéraires effondrés. Les restes des morts
avaient été exhumés et dressés en monceaux contre les murs,
pour convertir en balles le plomb des cercueils qui les renfermait.
Les jardins, autrefois très agréables, n'étaient plus entretenus.
Plusieurs Sœurs lisaient, assises sous des berceaux de verdure,
tandis que d'autres se promenaient à l'ombre des avenues tristes
et négligées. L'aspect général était affligeant. »
(Sir John Carr, *L'Etranger en France...*, 1803, p. 182-184.)

Crauford

« Enfin, à l'époque de la paix d'Amiens, M. Craufurd revint à Paris,
s'y procura un hôtel, et y reçut, comme autrefois, la meilleure
compagnie ; livré de nouveau à son goût pour les arts, il visita
tous les établissements publics, suivit les ventes les plus
importantes de tableaux, y fit nombre d'acquisitions, et parcourut
les magasins de divers marchands, chez lesquels il retrouva
beaucoup de portraits qu'il avait vus avant la révolution
dans les maisons royales ; la facilité de se les procurer lui suggéra
l'idée de former une collection de portraits de personnages illustres,
principalement du siècle de Louis XIV, idée certainement heureuse

dont on doit regretter que l'honneur appartienne à un étranger. »
(*Catalogue de tableaux… composant le cabinet de Feu
M. Quintin Craufurd*, 20 novembre 1820.)

Curiosités

« J'ai passé, ou perdu, une grande partie de la journée à visiter les
marchands de curiosités du quai Voltaire, et en suis sorti avec une
bourse plus légère qu'en y entrant. C'est impossible de résister, du
moins me semble-t-il, aux exquises porcelaines de Sèvres dont les
dames délicates du règne de Louis XIV se servaient pour leurs
banquets, ou dans lesquelles elles mettaient leurs bouquets, ou leurs
pots-pourris. Un étui en or monté avec des agates orientales et des
brillants, et un flacon de cristal de roche, tous deux ayant
appartenu à Madame de Sévigné, ont vaincu ma sagesse. Qui sait si,
en possession de ces objets dont elle se servit si souvent, je
n'hériterai pas aussi de la grâce sans égale dont sa plume pouvait
imprégner tous les sujets qu'elle abordait ! Hélas ! il est plus facile
d'acquérir de merveilleux bijoux, rendus plus précieux encore pour
avoir appartenu à quelqu'un de célèbre, que le talent auquel il doit
sa célébrité ; aussi, dois-je me contenter de respirer l'esprit de rose
qu'exhale le flacon de Madame de Sévigné, sans espérer y gagner la
moindre parcelle de l'esprit qui la rendit si remarquable.
Je me trouve à présent en possession d'objets ayant appartenu à des
femmes d'exception, et je ne suis pas peu fière de mes acquisitions.
Je peux me vanter de posséder la pelote à épingles de Madame de
Maintenon, en or émaillé et en forme de cœur, et aussi chargée
d'épingles que le cœur des protestants français l'était d'épines après
la révocation de l'édit de Nantes. » (Countess of Blessington, *The
Idler in France*, 1841, p. 128-129.)

Dandy

« Ces six pieds de substance humaine, revêtus de drap
par un irréprochable tailleur, constituent tout
ce que le monde connaît de lord M... Son habit
et lui sont tellement identifiés, qu'on les croit nés
le même jour dans un de ces ateliers où se fabriquent
les mannequins, et doués d'une vie factice
par un procédé pareil à celui de Méphistophélès
ou de Frankenstein. Quelques personnes soutiennent, de plus,
que la métamorphose est partielle, et que l'assimilation s'arrête
aux bras et aux jambes de cet être ambigu. Le corps et la tête
seraient restés en carton. Des paris sont ouverts sur le mérite
de cette bizarre hypothèse qu'on vérifiera le jour où quelque
matamore, impatienté par le calme dédaigneux de notre impassible
automate, voudra bien se donner la peine de lui passer son épée
au travers du gilet... j'allais dire au travers du corps ; mais ce serait
préjuger la question. » (Old Nick [P.-E. Forgues], « L'Anglais »,
in *Les Etrangers à Paris*, 1844, p. 15.)

Dickens

« Nous avons décidé, W. Collins et moi, que pendant au moins
une bonne semaine, nous serions de simples touristes anglais
badauds et flâneurs, et non pas les inimitables
écrivains que chacun sait. Oui, pendant toute
une bonne semaine nous allons rester sourds
aux invitations les plus aimables, aux plus flatteuses
reconnaissances ; nous dînerons chaque soir
au restaurant et nous irons tous les soirs au théâtre.
Si l'on nous demande notre nom, nous répondrons
avec un sourire que nous nous appelons
les deux Smith de Sheffield ; nous avons fait faire
des cartes à cet effet. » (Charles Dickens,

André Gill
(Louis-Alexandre Gosset, dit)
Charles Dickens, couverture
de *L'Eclipse,* 14 juin 1868.

Au moment où l'on joue à Paris
une adaptation de *On ne passe pas,*
l'écrivain est représenté enjambant
le Pas de Calais.

49, avenue des Champs-Elysées, lettre à J. Forster, octobre 1855.)
«Hélas ! notre incognito a été vite percé à jour ; nous avons été
obligés de retirer nos faux nez, de brûler nos fausses cartes,
et me voilà redevenu pour tout le monde l'inimitable Boz. Je ne me
doutais pas de ma réputation ici. A peine étais-je arrivé
que la presse quotidienne s'est emparée de ma personne,
les journaux illustrés m'ont portraituré tout vif. Il s'ensuit
que je ne puis entrer dans une boutique sans y être immédiatement
reconnu et accueilli d'une façon charmante. » (*Ibid.*, octobre 1855.)

Domestiques

«C'est ainsi que plus tard l'Anglais sera livré aux barbares
que l'on nomme, – Maîtres d'hôtel parisiens, – Cochers de voitures
à volonté, – Pâtissiers, – Traiteurs, – Marchands, – Gamins, –
Cicérones, interprètes, – Complaisants, – Lesquels,
tout en l'écorchant, n'oublieront pas de se moquer de ses ridicules. »
(Charles Marchal, *Physiologie de l'Anglais à Paris*, 1844, p. 30.)

Douanes

«Les douaniers visitent les malles, et trouvent rarement
à ne pas confisquer quelque chose à leur bénéfice. – Pendant
ce temps, l'Anglais parcourt deux ouvrages qui ne le quittent
jamais : – un dictionnaire – et un itinéraire. »
(Charles Marchal, *Physiologie de l'Anglais à Paris*, 1844, p. 46.)

e

Echecs

« Le Café de la Régence, récemment démoli,
était fréquenté presque exclusivement
par des joueurs d'échecs [...]. Un Anglais
qui propose une partie y est toujours reçu avec de grandes
démonstrations de politesse, et même avec des compliments
"maladroits" ; mais une fois que la partie est engagée,
son adversaire – aussi bien que les spectateurs – s'amuse à parler
en imitant légèrement notre affreux accent, tout en présentant
un visage plein de gravité, dont seul les yeux trahissent l'hilarité.
En général, la victime reste inconsciente de ce qui se passe,
ou préfère l'ignorer. » (Bayle Saint-John, *Purple Tints of Paris,
Character and Manners in the New Empire*, 1854, vol. 1, p. 264.)

Economies

« C'est pour cette raison qu'un séjour à Paris devient une ressource
si avantageuse dans le cas d'une fortune réduite ou insuffisante.
Une famille qui viendrait en France, dans l'espoir d'obtenir
à meilleur marché qu'en Angleterre les premières nécessités
de la vie, serait dans une grande erreur. Quelques objets sont
à la vérité moins chers, mais d'autres le sont beaucoup plus,
et, à dire vrai, je doute qu'en ce moment il y en ait un seul, que l'on
puisse considérer comme une véritable nécessité de la vie, qui soit
à meilleur marché à Paris qu'à Londres. Ce ne sont pas
les nécessités, mais les superfluités de la vie qui sont
à meilleur marché ici ; ainsi le vin, les meubles
d'ornement, l'entretien des chevaux, le prix
des voitures, les théâtres, les bougies, les fruits,
les livres, le loyer de beaux appartements, les gages
des domestiques mâles, tout cela coûte beaucoup
moins cher qu'en Angleterre ; les impositions directes
sont aussi beaucoup moins lourdes ; et pourtant

Chalinet
*Un Anglais d'aujourd'hui,
Musée Grotesque, n° 10*, 1815.

Le pendant de cette caricature de
l'Anglais maigre et économe repré-
sente *Un Anglais d'autrefois*, gras et
dépensier.

ce n'est pas là la principale raison qui fait que le séjour de Paris devient économique pour des personnes qui ont des prétentions quelconques à tenir un certain rang chez elles. La nécessité de l'ostentation, la plus coûteuse de toutes celles que le rang impose, est presque nulle ici, et l'on peut s'en dispenser sans s'abaisser le moins du monde. En un mot, l'avantage de vivre à Paris, sous le rapport de l'économie, dépend uniquement des objets de luxe que l'on peut se procurer. » (Madame Trollope, *Paris et les Parisiens en 1835,* 1836, vol. 2, lettre 35, p. 69.)

Ecossais

« Le costume singulier de nos Highlandais les rend l'objet d'une attention particulière de la part des Français. On peut juger dans quelle classe de la société européenne ils les rangent, par ces mots que j'entendis une dame française dire à sa compagne en passant à côté de ces montagnards : "Ainsi j'ai vu les sauvages américains". Il est très curieux d'observer nos compatriotes d'Ecosse lorsqu'ils font leurs emplettes sur les boulevards ; le soldat tenant sa pièce de dix sols entre l'index et le pouce, aussi fortement qu'un étau de forgeron, et montrant la quantité de marchandise qu'il demande, tandis que le Français prodigue de gestes et de babil diminue l'équivalent autant qu'il peut. A son tour le montagnard de lever les épaules, de babiller aussi, et de reprendre ce que l'autre a soustrait. C'est ainsi qu'ils restent plus d'une demi-heure de suite sans se comprendre avant d'être d'accord sur le "juste prix". » (Walter Scott, *Lettres de Paul à sa famille écrites en 1815,* 1822, vol. 2, p. 7-8.)

Eglises

« C'est à l'église que l'on peut retrouver le plus collectivement la société anglaise de Paris. Le dimanche, on n'a qu'à remonter le faubourg Saint-Honoré vers deux heures ; on croise

toute une procession d'Anglais et d'Anglaises sortant de la rue
d'Aguesseau, avec leur livre à la main et avec leur air du dimanche.
Nous disons l'église, nous devrions dire les églises, car les Anglais
ont fini par avoir, à Paris, presque autant de chapelles qu'ils ont
de religions. Il y a la chapelle de l'ambassade pour les anglicans
de la religion établie ; une chapelle épiscopale anglaise, rue Bayard ;
une autre chapelle anglaise, rue Royale ; une chapelle écossaise
presbytérienne ; deux églises méthodistes, rue Roquépine,
sans compter les chapelles américaines. Ce n'est pas à dire
que les Anglais observent le dimanche, à Paris, aussi strictement
qu'ils sont obligés de le faire dans leur pays. Le respect du sabbat
est un costume qu'ils savent très bien ôter quand ils sont
chez les autres. On voit bien de temps en temps, le dimanche,
quelque particulier en habit noir et invariablement orné
d'un parapluie, avoir l'air d'oublier, sur un banc d'un jardin public,
un petit écrit imprimé qui est fait pour être ramassé par le premier
passant, et qui se trouve être une dissertation sur l'observation
du dimanche. Il y a peut-être encore quelques hôtels spécialement
destinés aux Anglais et où la Société biblique fait mettre,
dans chaque chambre à coucher, un exemplaire
des Saintes Ecritures avec son estampille. Cette ardeur
de propagande commence toutefois à se calmer, et en général
les Anglais ne sont pas les derniers à user de la liberté
du dimanche à Paris. » (John Lemoinne, « La Colonie anglaise »,
in *Paris-Guide*, 1867, vol. 2, p. 1056.)

English spoken

« C'est de 1855 surtout, que date, à la devanture des magasins,
l'apparition des fallacieuses petites pancartes portant ces mots :
"English spoken here". On avait, jusqu'à cette époque,
fait aux Anglais – quel que fût leur sexe – séjournant à Paris,
l'honneur de présumer qu'ils avaient, dès l'enfance, reçu d'un

précepteur ou d'une gouvernante indigène au moins quelque teinture de français ; et si leur manière de parler la langue de Racine écorchait tant soit peu les oreilles, ce n'en était pas moins, disons-le, la plus céleste des musiques, comparée au jargon infernal que tout boutiquier parisien se croit maintenant tenu de servir à sa clientèle d'outre-Manche, sans parler de celui plus intolérable encore des guides et des valets de place qui, par légions, infestent les rues.» (*Un Anglais à Paris, notes et souvenirs*, 1893, vol. 2, p. 147.)

Moloch (B. Colomb, dit)
Paris dans les caves — Comment, Mylord remonte? — Aoh, Yes, je étais venu por voir Paris & non votre Kève. — Mais Mylord va se faire tuer sûrement. — Ça m'étais égal, je préférais être tué en visitant Paris, que mourir sans l'avoir vu, 1871.

Comme les précédentes révolutions parisiennes, la Commune surprit quelques Anglais de passage.

Espions

«La manie de voir partout des espions, qui régnait déjà furieusement, devint une rage et tourna à l'épidémie. [...] La majorité des gardes nationaux ne semblaient avoir d'autre occupation que la recherche de ces espions. C'était le 20 septembre [1870] ; une première et malheureuse défaite, subie sous leurs propres murs, n'avait pas peu contribué à aigrir les sentiments des Parisiens. Il ne restait certainement pas alors à Paris plus d'une vingtaine d'Anglais, décompte fait des bandes d'Irlandais engagés pour saler des bœufs à l'abattoir de la Villette. [...] parmi les basses classes le fait d'être Anglais fût loin de constituer une garantie suffisante contre le soupçon d'espionnage. Et d'ailleurs, cette nationalité, comment la faire constater par des gens du peuple, peu disposés à croire un suspect sur parole et incapables de distinguer à l'accent un Anglais d'un Allemand ? A leurs yeux, tout étranger était pour l'heure nécessairement un Prussien, et un Prussien ne pouvait être qu'un vil espion.» (*Un Anglais à Paris, notes et souvenirs*, 1893, vol. 2, p. 271-272.)

Famille

Colet Robert Stanley
Le Boulevard des Capucines,
vers 1828.

Le carrefour représenté, au débouché de la rue de la Paix sur le boulevard, a disparu dans le tracé de la place de l'Opéra.

« Allez rue de la Paix, rue de Castiglione, rue de Rivoli : c'est un vrai quartier de Londres transporté sur les bords de la Seine. Vous y remarquerez particulièrement de ces familles entières, comme la Grande-Bretagne en produit seule, lesquelles sont composées de vingt personnes, père, mère, garçons et filles, marchant presque toujours sur une seule ligne, se tenant tous par le bras, en commençant à droite par le père, non point parce que c'est le père, mais parce que c'est le plus grand, et finissant à gauche par le plus petit des fils, de manière à former à peu près cette figure géométrique, assez semblable à une montagne russe, que nous vous présentons ici pour contribuer autant qu'il est en nous à l'illustration de ce livre. » (Louis Desnoyers [Derville], « Aperçu général sur les étrangers à Paris », in *Les Etrangers à Paris,* 1844, p. XXVI.)

Gaieté

«Nous fûmes assez heureux pour remplacer une société nombreuse
qui quittait une des fenêtres des salons du premier chez Tortoni,
comme nous y entrions, et là encore on trouve une scène tout aussi
anti-anglaise que celle d'un restaurant au Palais-Royal.
Tous les salons, tant du premier que du rez-de-chaussée, étaient
remplis d'une brillante société, chaque groupe assis autour
d'une petite table de marbre. Les garçons entrant perpétuellement
chargés de pyramides de glaces de différentes couleurs, de carafes
d'une eau glacée qui ne fond qu'à mesure qu'on en a besoin,
et de jolies corbeilles de gaufres ; le brillant éclairage du café,
le bourdonnement de la foule sur le boulevard, la délicieuse
fraîcheur des sorbets, et la gaieté qui règne partout dans
ces moments de douce oisiveté, sont aussi français et, par la même
raison, aussi peu anglais que possible.» (Madame Trollope,
Paris et les Parisiens en 1835, 1836, vol. 3, lettre 65, p. 172-173.)

Galignani

«C'est, comme vous vous en rendrez compte, un moyen admirable
de voir Paris, particulièrement si vous passez vos journées à lire
les journaux anglais chez Galignani, comme beaucoup
de nos compatriotes le font.» (W. M. Thackeray, «An Invasion
of France», in *The Paris Sketch Book*, 1840, p. 15.)

Gastronomie

«Lord A. [Allen] a goûté tous les "nouveaux plats à la mode",
puisqu'à Paris, on invente aussi souvent de nouveaux mets
que de nouveaux bonnets ou de nouvelles coiffures ; la compétence
dans l'art culinaire qu'il a acquise en fera un oracle dans ses clubs,
jusqu'à ce qu'au retour de quelque nouvel épicurien de la capitale
française, il ne soit contraint d'abdiquer sa brève souveraineté.»
(Countess of Blessington, *The Idler in France*, 1841, p. 241.)

h

Charles Marville
*La salle à manger du château
de Bagatelle*, avant 1870.

L'ancienne folie du comte d'Artois
fut acquise par lord Hertford en
1835 ; c'est là que le célèbre collectionneur, qui y vécut en retrait du
monde, décéda en 1870, de même
que son fils, Richard Wallace, en
1890.

Hertford

« Un personnage mystérieux [...]. Il vivait retiré, invisible,
toujours souffrant, ne recevait jamais, n'ouvrait sa porte
qu'à quelques amis intimes, et, d'une indifférence absolue
à tout ce qui était le mouvement et la vie, il n'aurait même
pas écarté le rideau de sa fenêtre pour voir une révolution
passer dans la rue. [...] La plupart des grands
collectionneurs mettent leur joie à éprouver la fièvre
de l'enchère, c'est la poésie du jeu qui les charme ;
lui ne paraissait jamais aux ventes. C'est M. Richard [Wallace] qui,
généralement, achetait pour lui. [...] Lorsqu'une pièce rare devait
passer dans une vente, les experts, avant de l'exposer
aux commissaires-priseurs, la portaient à Bagatelle, où résidait
souvent lord Hertford, et prenaient ses commissions. Au milieu
de ses souffrances, il avait un éclair de satisfaction,
et la seule joie qui lui restait, la seule émotion
qu'il pût éprouver était celle qu'il ressentait lorsqu'on
lui disait les péripéties d'une lutte où l'empereur,
la reine d'Angleterre, le roi des Belges, le roi
de Hollande ou les d'Orléans avaient lutté contre
les enchères de son fondé de pouvoir. »
(Charles Yriarte, « Souvenirs anecdotiques du marquis
d'Hertford », *Le Moniteur des Arts*, 2 septembre 1870.)

Histoires des rues

« En parlant de cet événement [l'assassinat d'Henri IV],
et en rappelant plusieurs autres encore dont les rues de cette belle
mais turbulente capitale ont été le théâtre, nous nous dîmes
qu'un ouvrage fort intéressant et même de luxe, s'il était orné
de belles gravures, pourrait être composé [...]. L'histoire des rues
de Paris contiendrait un mélange de tragédies, de comédies
et de science pratique, d'histoire, de biographie et de romans,

Thomas Shotter Boys
*L'Angle de la rue Bailleul
et de la rue Jean Tison,* 1831.

Le motif de la tourelle revient souvent dans l'œuvre de Boys ; celle-
ci, à l'angle de l'hôtel d'Aligre, fut
démolie en 1852.

qui suffirait pour remplir plusieurs volumes fort amusants ;
et ce genre étant le plus recherché aujourd'hui, ils ne pourraient
manquer d'avoir un grand succès [...]. Là où quelques pierres
éparses sur le terrain, indiquent seules encore l'emplacement
où devait s'élever le palais du roi de Rome, on voyait jadis
le couvent de la Visitation de Sainte-Marie, fondé par la belle
et bonne Henriette après le martyre de son époux, notre premier
Charles. Dans la chapelle de ce couvent
se conservaient le cœur de cette reine, et ceux de sa
famille et du roi Jacques II. Ce lieu où des religieuses
anglaises cherchaient un refuge contre
le protestantisme anglais, est encore très anglais,
car on y a établi une filature de coton.»
(Madame Trollope, *Paris et les Parisiens en 1835,*
1836, vol. 3, lettre 68, p. 218-219.)

Hommage

«Et pendant toute la durée de la fête, le maître de céans
[E. de Girardin] n'a cessé de répéter : "Ce petit dîner-ci
n'est que pour faire la connaissance de M. Dickens ; il ne compte
pas, ce n'est rien". Et maintenant que j'y songe, je m'aperçois
que j'ai oublié la moitié des détails ; ainsi je n'ai pas parlé
d'un plum-pudding, le plus immense plum-pudding qu'il m'ait été
donné jamais de contempler à moi Anglais d'Angleterre,
un plum-pudding accompagné d'une sauce céleste,

un plum-pudding plein de flatteries délicates à mon adresse et dont le nom sur la carte était suivi de l'inscription suivante : "Hommage à l'illustre écrivain d'Angleterre." Finalement cet homme illustre, muet, ébloui, chancelant, a gagné la porte du dernier salon suivi de son hôte, qui lui a dit en lui serrant une dernière fois la main : "Le dîner que nous avons eu, mon cher, n'est rien ; il ne compte pas, il a été tout à fait en famille. » (Charles Dickens, lettre à Mark Lemon, 9 janvier 1856.)

Régnier, Bettannier, Morlon
(d'après Philippe-Jacques Linder)
— *Moa aimer beaucoup le petite française* — *et moi j'adore les petits soupers.*

Homme politique

« Par un attrait facile à concevoir, l'homme des idées progressives est attiré vers ce foyer de la civilisation intellectuelle. Il n'est pas un philosophe, pas un littérateur, pas un politique du parti populaire qui ne vienne s'inspirer ici. [...] Rien que pour voir combien peu de gens tournent la tête quand vient à passer un équipage de la cour, et se consoler ainsi des hommages puérils dont l'Angleterre environne sa petite reine, cet ennemi des tyrans ferait une fois par an le voyage de Londres à Paris. Mais il a pourtant quelques autres motifs accessoires.

Sans cela, choisirait-il de préférence la saison d'hiver ? Le verrait-on si assidu aux bals de l'Opéra ? si connu de ces dames ? si versé dans la science des soupers fins ? science à laquelle l'ont graduellement initié, nonobstant ses dispositions négatives, sept à huit de vos plus sémillantes lorettes, aidées en ceci par la lecture assidue de Paul de Kock. » (Old Nick [P.-E. Forgues], in *Les Étrangers à Paris*, 1844, p. 14.)

Hôtels

« La cour [des messageries] est remplie de passagers à peine arrivés
ou sur le point de partir, de portiers affairés et de commissionnaires
hurlant. Ces derniers se saisissent de vous dès que vous descendez
de voiture ; vingt cartes vous sont fourrés dans les mains,
et tout autant de voix, agissant avec une inconcevable rapidité,
crient dans vos oreilles : "Dis way sare ; are you for ze Otel
of Rhin ?" – "Hôtel de l'Amirauté" – "Hôtel Bristol, sare ?" –
"Monsieur, l'Hôtel de Lille ? Sacr-rré nom de Dieu, laissez passer
ce petit Monsieur ! ow mosh loggish ave you, sare ?"
A présent, si vous êtes étranger à Paris, écouter la parole
de Titmarsh. Si vous ne connaissez pas un mot de français,
si vous aimez le confort anglais, les chambres propres, les breakfast
et les maîtres d'hôtel ; si vous voulez des dîners copieux
et n'êtes pas exigeant (et pourquoi le seriez vous ?)
en ce qui concerne le vin ; si en terre étrangère vous voulez
vos compatriotes avec vous, votre bière brune, votre ami
et votre cognac – et votre eau –, n'écoutez aucun
de ces commissionnaires, mais avec votre meilleur accent
britannique, criez hardiment : "Meurice !", et immédiatement,
quelqu'un s'avancera pour vous conduire tout droit rue de Rivoli.
(W. M. Thackeray, « An Invasion of France », in *The Paris Sketch
Book,* 1840, p. 14-15.)

Indigents

« Nous avons promis quelques détails sur le bal par souscription,
donné au profit des Anglais indigents, dans une des salles
des menus-plaisirs. Mille personnes environ s'y étaient rendues. [...]
L'assemblée se composait, aux trois quarts, d'Anglais, l'autre quart
de français. Les honneurs étaient faits par les commissaires anglais,
le capitaine Drummond, M. Craddockeet, la fleur du dandysme
et l'élite de la fashionibity. [...] M. le duc de Chartres, en habit noir
et cordon bleu, a dansé la première contredanse avec une dame
anglaise, et une valse avec madame la marquise de la Chat...
On remarquait encore dans l'assemblée le duc de Brunswick
et le prince de S..., celui qui est accusé devant la Chambre des lords
d'avoir troublé le ménage de lord Ellenborough. Les membres
du corps diplomatique abondaient dans la réunion [...]. Les toilettes
des femmes ont paru peu remarquables. On sait que le comité
directeur des modes de femmes ne siège point à Londres ;
c'est de Londres, au contraire, que les costumes d'hommes
reçoivent l'impulsion ; plusieurs hommes avaient des cannes
noires, à bout d'or, façon verge de constable [...]. On calcule
que la souscription a dû produire 1 000 liv. sterl. à distribuer
entre cinquante Anglais indigents qu'on espère découvrir
dans Paris. » (*La Mode*, 1830, vol. 1, 13ᵉ livraison, p. 356-357.)

Invalides

« Nous n'oubliâmes pas ce qui avant tout mérite de fixer les regards
de l'étranger lorsqu'il visite les Invalides, je veux dire l'intérieur
du dôme. Mais il ne se voit qu'à heures fixes, et il était trop tard
pour celle du matin, quoique de trop bonne heure pour celle du soir.
Le dôme ne s'ouvrait qu'à quatre heures et il n'en était encore
que trois. [...] Quatre heures n'avaient pas encore sonné.
On nous fit passer dans la chapelle, et nous nous décidâmes
à attendre tranquillement l'heure de l'ouverture du dôme,

assis sur les bancs très commodes destinés aux vieux soldats
qui fréquentent cette chapelle.

Là, étendus à notre aise, nous nous portâmes l'un l'autre le défi
de découvrir parmi la multitude de drapeaux suspendus au-dessus
de nos têtes, quelques étendards anglais. Il n'est guère possible
qu'il ne s'en trouve pas quelques-uns dans le nombre, et pourtant
il est certain que nous ne pûmes en découvrir aucun. Il y a
à la vérité un bâton auquel demeurent attachés quelques
méconnaissables lambeaux, et qui aura peut-être été arraché
au ferme poignet d'un Anglais ; mais, comme je viens de le dire,
ce fut plutôt par l'impossibilité d'y reconnaître les couleurs
de toute autre nation, que par aucun témoignage positif,
que nous finîmes par conclure que l'objet que nous voyions avait
peut-être jadis fait partie d'un étendard anglais. »
(Madame Trollope, *Paris et les Parisiens en 1835,*
vol. 3, lettre 61, p. 94-97.)

Godissart de Cari
Un peu d'aide fait grand bien,
Musée Grotesque, n°27, 1819.

Jeu

« Après la sanglante catastrophe de Waterloo, où tant d'hommes
périrent, où resta tant de gloire, lord D... vint à Paris
dans l'intention d'y passer seulement quelques semaines ;
car en vrai Anglais, il n'aimait ni la France ni ce qui était français ;
la curiosité seule le conduisait sur le continent et il voulait
en même temps présenter ses hommages à S.M. Louis XVIII,
qu'il avait connu à Hartwell. A son arrivée, on le conduisit
à Frascati. L'arrangement de la maison le pénétra tellement
d'admiration que son parti fut immédiatement pris : il resta
en France... à la table de la roulette. Il y laissa plus d'un million
et obtint la faveur de jouer sur parole. Il joua, et perdit le reste
de sa fortune ; la maison de jeu, par reconnaissance,
lui fit une pension de 6 000 fr., qu'il avait soin de rapporter
fidèlement à sa source, et il mourut d'apoplexie foudroyante
le jour où la loi supprima les maisons de jeu. »
(Charles de Forster, *Physiologie de l'Etranger*, 1844, p. 38-39.)

Un peu d'aide fait grand bien.

k

Kilt

«Parmi les troupes alliées qui entrèrent et séjournèrent à Paris
en 1815, celles qui attirèrent l'attention et fixèrent la curiosité
des femmes de la capitale, furent quelques régiments écossais,
dont la singularité de l'habillement fut un sujet tout nouveau
pour elles. Ces montagnards, au lieu de culottes, portent de petites
cottes qui ne leur descendent que jusqu'aux genoux. Les moindres
mouvements mettaient en évidence de gros postérieurs qui faisaient
fuir les spectatrices, qui cependant, jetaient en courant un œil furtif
derrière elles. L'exercice de ces régiments était curieux,
surtout lorsqu'ils exécutaient le commandement de "armes bas".

Au Palais-Royal, on les suivait comme des êtres
qui seraient tombés tout à coup des nues. On a fait
plusieurs caricatures assez plaisantes de ces Ecossais. »
(A. F., *Anglaisiana...*, 1815, p. 98-99.)

Anonyme
Le Prétexte, 1814-1815.

Langue

« On n'y craignait pas de faire des farces, mais on en faisait surtout à ceux qui s'affichaient par leurs excentricités. Lord Brougham, qui, pendant ses fréquents séjours à Paris, était un hôte assidu de l'hôtel de Castellane, était la victime de prédilection. Il prêtait le flanc à toute sortes de plaisanteries par ses prétentions de donjuanisme et surtout par les bonnes occasions qu'il laissait échapper de ne pas parler français. Il estropiait absolument la langue de Molière.

Lady Normandy était, à cet égard, sa digne émule, au point qu'on a pu dire d'elle "que non contente d'estropier la langue française, elle la massacrait". Cette dernière, du moins, en dépit des bévues les plus hilarantes, ne se départit jamais de sa dignité personnelle, tandis que le noble lord joua trop souvent le rôle de bouffon ; il était même, dit-on, allé jusqu'à accepter de paraître dans un vaudeville dans lequel il devait divertir l'assistance par son exécrable baragouin ; son succès indiscutable eût mal cadré toutefois avec la situation qu'il occupait de l'autre côté du détroit. "Quant à lord Brougham, disait un Français malin, il n'y a pour lui qu'un pas entre le sublime et le ridicule. C'est le Pas de Calais, et il le franchit trop souvent. » (*Un Anglais à Paris, notes et souvenirs*, 1893, vol. 1, p. 108-109.)

**Gavarni
(Guillaume-Sulpice Chevalier, dit)**
Les Lorettes, pl. 49 : —N'y a pas moyen!... Mosieu est là avec Mosieu Machinikof, et l'attaché prussien... et nous attendons Milord... «Complet», 1841-1843.

Lorettes

«Elles vivent à l'hôtel, avec leurs propres meubles,
et sont souvent prises pour des dames élégantes par les étrangers,
et particulièrement par nos compatriotes sentimentaux. Cockney
se trouvant un jour à un bal public, laissa tomber un anneau
de diamant, qu'une Lorette ramassa et lui rendit. Il fut touché
par ce mouvement d'honnêteté spontanée. Il en tomba amoureux,
et se fit son chevalier servant pour quelque temps, lui remettant
de l'argent – qu'elle dépensait, dès qu'elle pouvait sortir,
avec de jeunes Français [...]. C'est un trait de caractère particulier
aux Anglais que de penser que l'honnêteté en matière d'argent
est la garantie de toutes les autres vertus.»
(Bayle Saint-John, *Purple Tints of Paris, Character and Manners
in the New Empire*, 1854, vol. 2, p. 28-29.)

Louvre

«Cette collection, dans toutes ces parties magnifiques
et sans rivale comme elle l'est encore, atteste
la cruauté, la perfidie et le brigandage de celui à qui
on la doit.» (Walter Scott, *Lettres de Paul à sa famille
écrites en 1815,* 1822, vol. 1, p. 160.)
«Chaque journée déversait sur Paris de nouveaux groupes
d'étrangers, tous désireux de voir le Louvre avant que ses
collections ne soient dispersées : c'est vers cet unique but que,
chaque matin, tous les Britanniques dirigeaient leurs pas
avec une intense curiosité, pour voir si les enlèvements avaient
commencé.» (John Scott, *Paris revisited in 1815,* 1816, p. 320.)
«Les enlèvements commencèrent alors pour de bon : les porteurs
avec des charrettes, des échelles et tout l'attirail de déménagement
firent leur apparition. A partir de ce moment, les collections
du Louvre purent être considérées comme démembrées à jamais.
Leur ordonnance méthodique si extraordinaire s'évanouit,

Anonyme
*La Famille anglaise au Museum
à Paris,* 1814-1815.

et fut remplacée par cet aspect mélancolique, confus et désordonné
qu'on voit dans une grande salle de vente après une journée
d'enchères. La foule qui se ruait au Louvre, au fur et à mesure
que la nouvelle de la destruction de cette grandiose collection
se répandaient, devenant une gêne pour les déménageurs,
un ordre du commandement militaire étranger de Paris
vint interdire l'admission des visiteurs non pourvus
d'une autorisation spéciale. Cet ordre fut scrupuleusement suivi
par les sentinelles, du moins en ce qui concernait les Français, –
mais les mots " Je suis Anglais " étaient toujours suffisants
pour amadouer les gardes, du moins les Autrichiens,
nos compatriotes étant plus sévères. » (*Ibid*. p. 328-329.)

La Famille anglaise au Museum à Paris.

Meurice's hôtel

«Notre groupe passa le temps habituel à débattre sur le sujet
[le choix d'un hôtel]. Notre brillant Wildfire, comme on lui
demandait son opinion sur l'endroit le plus indiqué pour établir
notre résidence, se lança aussitôt dans un éloge de ce vaste
établissement bien connu que les beaux esprits parisiens,
en leurs moments d'aigreur, surnomment la Ménagerie anglaise.
Ces recommandations furent renforcées par le témoignage
de Sam Sharp, le valet de chambre, qui avait déjà été pensionnaire
de la Ménagerie ; lady Halibut constatant qu'elle ne serait pas
obligée d'apprendre, ou d'écouter, plus de français qu'elle
ne le souhaitait dans l'hôtel en question, consentit à accompagner
son neveu au Meurice. Ce point important étant enfin décidé,
ils commandèrent un fiacre et [...] ordonnèrent au cocher
de les conduire rue de Rivoli. [...] Sir Humphrey, constatant
que le Meurice était le meilleur, et presque le seul, endroit de Paris
où il pouvait compter avoir son porto servi parfaitement
comme il doit l'être, avait accepté de devenir pensionnaire
de la Ménagerie.» (George Cruikshank, *Life in Paris...*
of Dick Wildfire, Squire Jenkins and Captain O'Shuffleton...,
1828, p. 13-15.)

Milord l'Arsouille

«A cette époque, lord Seymour vivait à Paris et s'était fait connaître
par des excentricités qui ne dépassaient en rien les usages admis
par les hommes de bon ton. Quelques actes de générosité,
quelques paris de course considérables l'avaient rendu populaire,
et le bon peuple, toujours crédule, toujours nigaud, mettait
à son compte toutes les sottises qui se commettaient à Paris. [...]
Si une cavalcade extravagante traversait les boulevards, on disait :
"c'est lord Seymour, c'est lord l'Arsouille", car c'est par ce misérable
surnom qu'on le désignait. Or Seymour était innocent des niaiseries

qu'on lui attribuait. Le véritable auteur de ces drôleries de mauvais aloi s'appelait La Battue. [...] fils naturel d'un Anglais très riche, presque abandonné dès sa naissance [...]. Son père se souvint de lui au moment de mourir et lui laissa une centaine de mille livres de rente. Il résolut d'employer cette fortune à se faire un nom. Il loua des salles de concert pour y donner des bals, il fit des chevauchées à travers Paris ; il se battit à coups de poing dans les cabarets des barrières, il donna des chasses à courre, il jeta de l'argent au peuple, il habilla des femmes en odalisques ou en Albanaises et les promena dans Paris, en voiture découverte, au son des trompes pendant le jour, à la lueur des torches pendant la nuit. Quand il avait amassé la foule autour de lui, il prêtait l'oreille et entendait crier : "Vive milord l'Arsouille !", c'est-à-dire : "Vive lord Seymour !". Il en pleurait de douleur. [...] Plus La Battue faisait de sottises, plus lord Seymour devenait célèbre. La légende était faite, le pauvre homme se sentit vaincu par l'indifférence de la foule [...], il prit en déplaisance cette ville qui ne savait pas reconnaître le vrai mérite ; il partit pour l'Italie, s'échoua à Naples, où il mourut. » (Maxime Du Camp, in *L'Intermédiaire des Chercheurs et des Curieux,* 1913, vol. LXVII, p. 856.)

Mode

« Une Parisienne qui rit de l'habillement de nos compatriotes, rit de ce qu'elle était elle-même il y a peu d'années ; mais elle ne vous croira pas si vous lui dites qu'elle portait encore

Adrien Godefroy
L'Amour et les Grâces arrivant de Londres, Le Suprême Bon Ton, n° 24, 1814.

dernièrement le petit bonnet qu'elle tourne maintenant en ridicule. Montrez lui une gravure de mode de 1806 qui prouve le fait, et elle minaudera devant vous, son expression devenant de plus en plus grimaçante, comme si elle venait juste d'être convaincue d'une erreur.»
(John Scott, *A visit to Paris in 1814*, 1815, p. 10.)

Morgan, Lady

«Quant la conversation vint sur Lady Morgan, Goethe m'a dit : "Ah ! l'espion, le corsaire, le journaliste des salons !"»
(David d'Angers, *Carnets,* 1829, rééd. 1958, vol. 1, p. 47-48.)

n

Napoléon

[Le retour des cendres] « Je me sentis après avoir pris mon café
au lait, si bien sous mes trois couvertures, que pendant un bon quart
d'heure personne n'eût pu dire si Titemasse verrait ou ne verrait pas
les funérailles de Napoléon. Outre le froid, il y avait, ma chère amie,
un autre motif à ma perplexité. Les Français voudraient-ils ou
ne voudraient-ils pas offrir en holocauste aux mânes de Napoléon
quelques-uns de nos compatriotes, et la fête ne finirait-elle pas
par un massacre ? On disait dans les journaux que lord Granville
[l'ambassadeur] avait envoyé des circulaires à tous les Anglais
résidant à Paris, pour les prier de rester chez eux. Les journaux
français publiaient ces nouvelles et nous prévenaient
charitablement du destin qui nous attendait. Lord Graville
avait-il écrit ? – Certainement pas à moi : ou avait-il écrit
à tout le monde, excepté à moi ? et devais-je être la victime –
la victime expiatoire – que l'on devait saisir, aussitôt que j'aurais
montré ma figure aux Champs-Elysées, et immoler au patriotisme
français, aux accents d'une frénétique Marseillaise ? Soyez sûre,
Madame, que, grand ou petit, personne ne fut tranquille ce jour-là ;
que les plus braves tremblèrent ; et que Sa Majesté Louis-Philippe,
en ôtant le matin son bonnet de nuit, dut adresser au ciel la prière
de pouvoir le remettre tranquillement le soir. » (W. M. Thackeray,
Les Secondes Funérailles de Napoléon, 1840, p. 236-237.)

Neutralité

« Voyez les Anglais à Paris ; ils assistent à toutes nos révolutions
comme de simples spectateurs ; leur seul souci est d'être
aux premières loges. Toujours ils vont chez leur ambassadeur
pour demander une présentation aux Tuileries et des billets
pour les bals de la Cour. Ils allaient chez le roi, ils iront
chez l'empereur ; ils vont simplement chez l'institution, chez l'ordre
établi ; la couleur ne les regarde pas [...]. Dans ce parfait athéisme

politique, il y a deux sentiments distincts. Il y a le respect
de la liberté d'autrui qui fait dire aux Anglais : "Cela vous convient
ainsi, nous n'avons rien à dire. Il vous plaît d'être esclave,
vous êtes libres. Chacun chez soi, chacun pour soi, et Dieu pour nous".
Il y a aussi ce dédain suprême avec lequel les Anglais considèrent
du haut de leurs institutions, celles des autres peuples. »
(John Lemoinne, « La Colonie anglaise », in *Paris-Guide,*
1867, vol. 2, p. 1054.)

Nom de rue

« Je déplore, par conséquent, que la force de l'esprit de parti oblige,
à chaque changement de gouvernement, à supprimer d'anciens
noms pour les remplacer par de nouveaux. [...] J'ai déjà exprimé
le regret que la rue du Roi doré ait disparu ; et j'avoue que je vais,
de temps à autres, au Quartier latin pour vérifier que le nom
de Gît-le-Cœur, évocateur pour moi d'une foule d'idées
mystérieuses et poétiques, n'a pas été remplacé. » (Bayle Saint-John,
Purple Tints of Paris, Character and Manners in the New Empire,
1854, vol. 1, p. 8-9.)

Nurse

« D'autres physionomies nous appellent. En voici une toute rose
et gracieuse : c'est Suky, la bonne d'enfants. A cause de ses grands
yeux bleus toujours baissés vers la terre, à cause de cette rougeur
timide si facilement amenée sur ses joues, à cause de son tablier
si blanc, de ses beaux bras nus, et aussi parce qu'elle ne correspond
avec aucun "Magazine", pardonnons-lui de représenter en France
un préjugé de fraîche date. Ce préjugé consiste à croire que nos
enfants ne sauraient passer pour bien élevés, s'ils ne parlent pas,
dès l'âge le plus tendre, un idiome que leurs parents ignorent.
Le grec et le latin sont, Dieu merci ! passés de mode ; mais... "Qui
nous délivrera maintenant de l'Anglais ! » (Old Nick [P.-E. Forgues],
« L'Anglais » in *Les Etrangers à Paris*, 1844, p. 7.)

O

Occupation

[Juillet 1816] «Ils nous tolèrent
pour notre argent, ils sentent couler
notre or dans les veines de leur capitale
et, pour le moment, ils dissimulent
leur animosité profonde ;
mais en cachette ils nous rendent
en imprécations l'argent que nous
dépensons à pleine mains. Par-ci par-là,
leur dépit se fait jour en des caricatures
ridicules et des charges dans les pièces
de théâtre, ou encore, de temps
en temps, dans un regard hautain
et un sourire dédaigneux. [...]
Paris ne se connaît plus. Où sont
les Français ? Nulle part.
Tout est Anglais ; des voitures anglaises
remplissent les rues, aucun équipage
élégant ne se voit. Au théâtre,
toutes les loges sont à des Anglais ; dans les hôtels, au restaurant, –
en un mot, partout – John Bull s'étale avec ostentation.»
(Révérend Ed. Stanley, *Before and after Waterloo*, p. 290-291.)

Thomas Shotter Boys
*La Rue des Prouvaires et l'église
Saint-Eustache.*

En guise de signature, l'artiste a
inscrit son nom sur une enseigne à
droite.

Palais-Royal

«Tous les étrangers qui arrivent à Paris, quels que soient leur sexe,
leur âge, leur rang ou leur fortune, vont dès le premier jour visiter
le Palais-Royal. [...] Nous ne devons pas oublier, et d'ailleurs
le pourrions-nous, cette famille composée de nos compatriotes
qui vient d'entrer dans la galerie d'Orléans ; il y a le père, la mère,
les filles... Qu'il est facile de deviner leurs pensées et presque
leurs paroles. Le père marchant d'un pas grave, déclare que cette
galerie formerait une superbe Bourse [...]. Il lève les yeux, fait un ou
deux pas en avant, et mesure de l'œil l'espace de tous les côtés ;
puis s'arrête, et dit peut-être à la majestueuse dame qu'il tient sous
le bras et dont les yeux, pendant ce temps, errent parmi les châles,
les gants, les flacons d'eau de Cologne, la porcelaine de Sèvres,
tantôt d'un côté, tantôt de l'autre : "Ceci n'est pas mal bâti ;
c'est léger et vaste ; la largeur est très considérable
pour un toit qui a l'air si peu solide... mais pourtant
cela peut-il se comparer au pont de Waterloo ?"
Deux jolies filles, aux joues rosées, aux yeux
de colombes, aux cheveux ressemblant à l'aurore et retombant
en boucles innombrables, au point de cacher presque leurs regards

Anonyme
*L'Embarras du choix ou les Anglais
au Palais Royal,* 1815.

p

curieux mais craintifs, précèdent leurs parents ; avec une aimable
timidité, elle s'arrêtent quand ils s'arrêtent, et marchent
quand ils se mettent à marcher ; mais elles n'osent rien regarder,
car quoique leurs regards baissés ne semblent pas s'en apercevoir,
ne savent-elles pas que ces jeunes gens aux cheveux,
aux impériales et aux favoris noirs, ont les yeux fixés sur elles ? »
(Madame Trollope, *Paris et les Parisiens en 1835*,
1836, vol. 2, lettre 47, p. 227-231.)

Panorama

« Une chose qui frappe particulièrement les yeux d'un Anglais
lorsqu'il aperçoit Paris de loin, c'est qu'au-dessus de ces demeures
entassées, il ne s'élève pas un de ces nuages de vapeur qui donnent
quelquefois de la grâce et de la dignité à la perspective de Londres
et de nos principales villes, qui plus souvent toutefois y perdent
beaucoup. Cela provient de l'usage que les Parisiens font du bois
pour se chauffer, quelquefois sous la forme de charbon,
mais toujours en petite quantité et dans un poêle, au lieu de notre
charbon de terre brûlé dans des cheminées ouvertes.
Vu des hauteurs de Montmartre ou du dôme de Sainte-Geneviève,
Paris offre une masse distincte de maisons, de clochers et de tours
qui n'est point obscurcie par le dais de vapeur qui s'étend sur toutes
les villes de la Grande-Bretagne. Mes amis de Paris riaient de bon
cœur, et peut-être avec quelques raisons, des regrets que me causait
l'absence de ce sombre accessoire qui, si nous mettons de côté tout
ce qui s'y rattache, donne néanmoins au paysage une teinte plus
douce et plus vaporeuse. Mais de plus, si nous admettons
les associations d'idées que l'habitude réveille en nous, ces nuages
de fumée sont un signe de vie et d'activité dont l'absence rappelle
l'aspect de cette ville des contes arabes, où tous les habitants
avoient été pétrifiés. » (Walter Scott, *Lettres de Paul à sa famille
écrites en 1815*, 1822, vol. 1, p. 136-137.)

Parisienne

« Le dôme des Invalides, les tours de Notre-Dame, la colonne
de la place Vendôme, les moulins de Montmartre, ne présentent pas
à l'esprit une idée plus essentiellement caractéristique de Paris,
que ne le fait l'aspect des bonnets, des chapeaux, des fichus,
des châles, des tabliers, des ceintures, des boucles, des gants,
mais surtout des souliers et des bas, lorsqu'ils sont portés dans Paris
par des Parisiennes.

C'est en vain que toutes les femmes de la terre viennent à ce marché
d'élégance, et qu'elles y arrivent avec assez d'argent pour se couvrir
des pieds jusqu'à la tête de tout ce qu'elles trouvent de plus riche
et de meilleur [...]. Tout l'avantage qu'elle recueillera de sa peine,
après qu'elle aura acheté, fait faire et mis tout ce qu'on lui aura
indiqué, sera d'entendre une grisette dire à l'autre dans la première
boutique où elle entrera : "Cette dame Anglaise désire" telle ou telle
chose, et cela avant que la pauvre femme ait eu le temps de dire
un mot qui ait pu la faire reconnaître à son accent. »
(Madame Trollope, *Paris et les Parisiens en 1835*,
1836, vol. 2, lettre 43, p. 165-166.)

George Arnald
*Panorama de Paris depuis
Montmartre,* vers 1829.

Pâtissier anglais

« Nous nous sommes amusés ce matin à courir
les boutiques, et nous avons terminé notre tournée
par entrer chez un pâtissier anglais. Pendant que nous
y déjeunions, nous y observions une société

de Français, qui y était venue comme nous pour faire un petit
goûter de pâtisserie. Ils semblaient voyager dans des terres
inconnues, et ne pouvaient cacher leurs surprises à la vue
des compositions d'outre-mer qui se présentaient de tous côtés
à leurs regards. » (Madame Trollope, *Paris et les Parisiens en 1835*,
1836, vol. 2, lettre 50, p. 272.)

Politesse

« Parmi les traits qui frappent le plus chez les Français, il y a
la politesse avec laquelle ils écoutent, sans même sourire,
 toutes les tentatives des étrangers pour parler français, même
les plus incompréhensibles, et la rapidité d'esprit avec laquelle
ils saisissent ce qu'ils veulent dire, et les aident à l'exprimer.
J'ai été le témoin d'innombrables fois de cette courtoisie –
une courtoisie si peu comprise, ou du moins si peu pratiquée,
par les Anglais. » (Countess of Blessington, *The Idler in France*,
1841, p. 91.)

Portrait

« Depuis tantôt deux mois, je vais, trois fois par semaine, poser
dans l'atelier d'Ary Scheffer. Mon portrait avance,
mais ma ressemblance diminue ; c'est une très admirable peinture,
remplie de vie et de hardiesse, mais, selon moi, ce n'est pas moi ;
je me trompe peut-être. Nous verrons ce que diront mes amis
de Londres, où ce tableau sera exposé [National Portrait Gallery].

Le frère de Scheffer travaille à côté de lui et fait aussi mon portrait ;
c'est beaucoup moins beau, mais c'est beaucoup plus ressemblant.
Ary Scheffer est un esprit charmant que j'aime beaucoup. »
(Charles Dickens, lettre à W. H. Wills, 18 mars 1856.)

Prudence

«Les Anglais à cette époque [1814], nous faisaient à peu près
les honneurs de Paris. Toutefois, ce ne fut pas sans peine
que de leurs salons, où l'on se portait en cohue, ils arrivèrent
dans nos intimités. Tous leurs efforts tendaient à s'y trouver admis,
et les plus distingués en eurent seuls le bonheur. Je ne puis
en blâmer personne, car, dans le premier débordement surtout,
la prudence et le choix étaient plus nécessaires. Nous allions
chez plusieurs Anglaises, mais seulement chez celles d'un rang
élevé et d'une brillante existence. J'en ai entendu quelques-unes,
et aussi quelques Anglais, se désoler de voir Londres transféré
à Paris et d'y retrouver leur Angleterre, dans laquelle,
durant tant d'années, ils s'étaient trouvés prisonniers. Le ridicule
du costume des femmes cédait aux modes françaises, dès le premier
bal auquel elles avaient assisté. »
(Comtesse de Chastenay, *Mémoires (1771-1815)*,
1896, vol. 2, p. 455.)

Anonyme
- *N°1. Ché crois que le digestion*
il se fait...-N°2. Ché nai havé hété
chamais pas dans in Pareille bonne
viande !!!!!, Suprême Bon Ton n°5,
1815.

r

Réserve

«Parmi les quelques salons vraiment agréables [sous le règne
de Louis-Philippe], je citerai ceux des Ambassades des Deux-Siciles,
d'Angleterre et d'Autriche. Les deux premiers étaient situés
faubourg Saint-Honoré, le dernier, faubourg Saint-Germain.
On dansait beaucoup chez le duc de Serra-Capriola, et les soirées
y étaient fort animées. Je ne puis pas en dire autant de celles
de lord et lady Granville, quoique le maître et la maîtresse
de la maison en fissent les honneurs avec une grâce charmante
et vraiment patricienne. Mais les Anglais invités ne se départant
pas de leur réserve habituelle, les Français s'étaient mis à les imiter
par déférence sans doute pour lord et lady Granville, qui n'auraient
pas désiré tant de courtoisie de la part des Parisiens envers
leurs compatriotes.» (*Un Anglais à Paris, notes et souvenirs,*
1893, vol. 1, p. 104-105.)

Restaurant

«Un Ecossais, nouvellement débarqué à Paris, s'avisa, après avoir
vu tous les différents spectacles, de descendre au Palais-Royal

chez V..., il demande la carte, et a soin surtout d'en parcourir
les prix : la liste l'effraie, et il serait parti sans déplier sa serviette ;
mais la timidité triomphe de son économie, et il se résout

à demander du filet d'aloyau ; surpris de la légèreté
de la tranche qu'on lui sert, et qui était aussi épaisse
qu'un écu de six francs, il l'essuie proprement et la
met dans son portefeuille :
"Je veux garder, dit-il, ce morceau toute ma vie,
et d'abord le faire voir dans mon pays". [...]
L'Ecossais, en disant ces mots, lève le siège,
paie au comptoir, prend le numéro du traiteur,
et dit bien que si jamais des Ecossais viennent s'y restaurer,
c'est qu'ils auront dîné en ville. »
(A. F., *Anglaisiana...,* 1815, p. 68-69.)

Révolution
[28 juillet 1830] « Nous nous sommes à présent retranchés
dans le salon, avec les volets extérieurs – rembourrés
pour empêcher le bruit – fermés ; nous les ouvrons de temps
en temps, de manière à voir ce qui se passe. Assise dans le noir,
avec les coups de feu et les cris du peuple continuellement
dans les oreilles, j'ai du mal à croire que tout cela n'est pas un rêve. »
(Countess of Blessington, *The Idler in France,* 1841, p. 261.)

Revue militaire
« Dans les lieux où il y a des rois à la tête de leurs armées
victorieuses, les pompes de la guerre sont déployées dans toute leur
splendeur. Nous avons des revues de plusieurs milliers d'hommes
chaque matin, depuis sept heures jusqu'à dix ou onze [...]. Mais
je n'ai jamais vu plus de cent Français, tous de la plus basse classe,
spectateurs de ces revues, lors même qu'elles étoient faites au milieu
de la place Louis-XV [Concorde], sous leurs propres yeux.

_ Encore du plumpudding !...... ce n'était pas assez de nous habiller à la mode britannique !...... il a fallu que tu nous donnes une cuisinière anglaise ...que le diable emporte le libre-échange !....

Cette circonstance est l'indice le plus positif du profond sentiment qu'ils ont de leur malheur présent.» (Walter Scott, _Lettres de Paul à sa famille écrites en 1815,_ 1822, vol. 2, p. 15.)

Romantisme

«Il se mit à rire et me dit : – "Vous serez sans doute tombée sur un confiseur romantique." – "Un quoi?" demandai-je, en ouvrant de grands yeux. – "Eh, mais! un pâtissier-confiseur de la nouvelle école." – "Que veut dire cela? [...] J'avoue qu'un pâtissier romantique passe ma compréhension." – "Alors, il faut que vous sachiez que tout ce qui est anglais, excepté la politique, est maintenant en grande faveur à Paris, et réputé romantique. Nous avons donc des tailleurs, des marchandes de modes, des pâtissiers, et même des médecins et des apothicaires romantiques.» (Lady Morgan, _La France en 1829 et 1830,_ 1830, vol. 1, p. 91-92.)

Salon

« Je me suis si peu occupée des dates et des saisons, que j'avais tout
à fait oublié, ou plutôt que j'avais négligé d'apprendre que l'époque
de notre arrivée à Paris était celle de l'exposition des ouvrages
des artistes vivants au Louvre ; et il me serait facile de décrire
la sensation que j'éprouvais, lorsque, en entrant dans la galerie,
au lieu d'y voir les tableaux que j'avais coutume d'y trouver,
mes regards tombèrent sur des objets si différents. L'exposition
est cependant fort belle, et si fort supérieure à tout ce que j'avais
encore vu de l'école française moderne, que nous eûmes bientôt
la consolation de nous sentir charmés, pourrais-je dire, nonobstant
notre premier désappointement. [...] Cette exposition occupe
à peu près les deux tiers de la galerie ; à l'endroit où elle se termine,
un triste rideau suspendu en travers cache les précieux travaux
des écoles d'Espagne et d'Italie, qui sont placés à l'extrémité
opposée. Peut-on imaginer un supplice de Tantale plus cruel
que celui-là ? [...] Pour rendre l'effet plus frappant encore, les plis
de ce rideau laissent en retombant quelques pouces de distance
entre le mur et lui, de sorte que les douces teintes brunes
d'un célèbre Murillo frappent l'œil sans le satisfaire. »
(Madame Trollope, *Paris et les Parisiens en 1835*,
1836, vol. 1, lettre 5, p. 29-37.)

Sauvages

« Madame B*** n'avait jamais été en Angleterre, mais elle m'assura
que la curiosité qu'elle se sentait de visiter
notre pays, était aussi forte que celle qui entraînait
Robinson Crusoé...
– "Au milieu des sauvages ?" interrompis-je.
– "Non, non, non ! à rechercher tout ce qu'il y a
de plus curieux sur terre" [...].
– "Il me semble, dis-je, que nous avons grand soin

Thomas Shotter Boys
*Notre-Dame, Paris from the quai
St. Bernard,* 1839.

S

de ne pas vous laisser manquer d'échantillons de notre race,
et vous pouvez les examiner à loisir. Je ne sais d'après cela s'il vaut
la peine que vous passiez le détroit pour les mieux voir.
Nous venons en nombre si prodigieux en France, que je ne conçois
pas que vous puissiez avoir quelque curiosité à notre égard".
– "Au contraire, reprit-elle, ma curiosité n'en est que plus piquée.
J'ai vu tant de délicieux Anglais ici, que je meurs d'envie de les voir
chez eux au milieu de tous ces singuliers usages qu'ils ne peuvent
apporter en France, et que nous ne connaissons que par les rapports
imparfaits des voyageurs".
Il semblait à l'entendre parler, qu'il fût question des bonnes gens
de la crique de Mungo ou de la baie de Karakou. »
(Madame Trollope, *Paris et les Parisiens en 1835*,
1836, vol. 2, lettre 43, p. 314-315.)

Séance à la chambre

« De toutes les femmes du monde, les Anglaises sont, je crois, celles qui sont les plus curieuses de pénétrer dans une chambre représentative. La raison en est assez évidente. Ce sont les seules à qui ce privilège soit refusé dans leur propre pays. » (Madame Trollope, *Paris et les Parisiens en 1835,* 1836, vol. 3, lettre 67, p. 196.)

Seine

« Un jour, un Français s'extasiait sur la magnificence de la Seine, avec un sentiment de fierté nationale ; il me demanda ensuite si la Tamise ressemblait à la Seine. "Mon cher monsieur, lui répondis-je, il n'y a pas de comparaison à faire entre elles". Sa figure rayonna de joie. "Très bien, dit-il, il y a une grande franchise dans le caractère anglais". Je m'inclinai. Il était content, et moi aussi. La Seine est étroite et très sale ; ses eaux bien filtrées, après avoir passé par les fontaines, produisent un effet laxatif sur les étrangers, à qui l'on recommande de n'en point trop boire à la fois. » (Sir John Carr, *L'Étranger en France...,* 1803, p. 150-151.)

Shake hands

« Nous osons prétendre que la société anglaise, à Paris, a exercé une salutaire influence sur la société française, et qu'elle y a introduit un caractère d'honnêteté dans la familiarité. Le shake hands, par exemple, la poignée de main à l'anglaise qui est aujourd'hui entrée dans les habitudes des femmes, a longtemps scandalisé et scandalise encore les puristes. Le tort de ceux-là c'est de croire qu'une femme aimable est une femme facile, et qu'une certaine liberté de manières implique une égale liberté de conduite. » (John Lemoinne, « La Colonie anglaise », in *Paris-Guide,* 1867, vol. 2, p. 1055.)

Honoré Daumier
—*Aô... Schocking!... Traduction française: — Voilà une dame en marbre qui a un costume bien léger et bien inconvenant!*

Illustration tirée d'une série publiée dans *Le Charivari,* au moment de l'Exposition universelle de 1855.

Aô...... Schocking !....

Traduction en Français   — Voilà une dame en marbre qui a un costume bien léger et bien inconvenant !.

Shocking

« Nous n'irions pas bien loin dans ce salon sans la rencontrer
avec ses allures craintives, ses yeux baissés, sa pudeur toujours
prête à s'alarmer du geste le plus innocent, de la syllabe la moins
équivoque. Cette pudeur souffre beaucoup sur le continent,
où la pruderie intolérante trouve à se choquer aisément. Shocking
est un mot que le laisser-aller parisien ramène souvent sur les lèvres
de mes belles compatriotes. Une femme à pied, seule, dans la rue,
allât-elle à la messe, est un objet shocking. Shocking est encore
la permission donnée à l'ami le plus intime – eût-il soixante ans,
et ne fût-ce que pour cinq minutes – d'entrer dans la chambre
à coucher d'une femme mariée ; toute formule galante est shocking ;
tout regard assuré, shocking. Vous serez shocking si vous prenez
une de ces belles dames par le bras, pour l'empêcher d'être écrasée

sous les roues d'une voiture. [...] Mais en revanche – l'étiquette anglaise n'y met nul obstacle – quand les rafraîchissements viendront à circuler, vous verrez Lydia Languish sabrer le champagne et le punch comme un dragon de la vieille garde, ce qu'à votre tour vous aurez, certes, le droit de trouver... choquant. » (Old Nick [P.-E. Forgues], « L'Anglais », in *Les Etrangers à Paris*, 1844, p. 22.)

Shopping

« J'ai été très occupée, pendant la plus grande partie de la journée, par la tâche primordiale du shopping. Toute ma garde-robe est à changer ; j'ai découvert [...] que mes chapeaux, bonnets, robes, manteaux et pelisses, sont complètement "passée de mode", et que ce que les modistes d'Italie m'affirmaient être la « dernière mode de Paris » est ici vieux au point d'être tout à fait oublié. La femme qui désire être philosophe doit éviter Paris ! [...] Notre première visite fut pour Herbault, le grand-prêtre du sanctuaire de la mode à Paris, et je dois dire que le regard étonné qu'il a jeté sur mon bonnet n'a rien fait pour me redonner confiance quant à mon apparence. » (Countess of Blessington, *The Idler in France*, 1841, p. 34-35.)

Snob

« J'aime me représenter combien il peut y avoir, à la minute où j'écris, de mirobolants Snobs britanniques à passer la tête aux fenêtres dans la cour du Meurice, rue de Rivoli, ou à hurler "Garsong, du pang" "Garsong, du vang". » (W. M. Thackeray, *Le Livre des Snobs*, 1848, p. 122.)

Souvenirs

«Le matin suivant, nous avions arrangé de faire les courses
ensemble et d'acheter quelques articles féminins. [...] Sept cahiers
de broderies pour ses sœurs ; un fermoir doré pour sa mère ;
un beau châle de cachemire français et un bonnet pour sa tante
(la vieille dame possède une auberge en ville, elle a beaucoup
d'argent et pas d'héritiers) ; et un étui à cure-dents pour son père. »
(W. M. Thackeray, «A Caution to travellers », in *The Paris Sketch
Book*, 1840, p. 26.)

Standish

«Un Anglais du nom de Standish, grand amateur de curiosités,
de livres et de tableaux, s'étant pris d'admiration pour le roi
Louis-Philippe, fit ce souverain héritier de toutes ses collections.
Le roi, respectant cette volonté et touché de ce témoignage d'estime,
accepta le don, et, ne voulant pas ensevelir dans ses propres
châteaux ces remarquables produits, ordonna de les classer,
et fit ouvrir un nouveau musée sous le nom de Musée Standish.
Quelques livres précieux, quelques manuscrits curieux, et plusieurs
tableaux d'un mérite incontestable, recommandent ce musée
à l'attention publique. Il restera comme un témoignage irrécusable
que les vertus d'un roi, sa fermeté à porter le sceptre au milieu
des complications politiques les plus difficiles, lui valurent
cet éclatant témoignage de respect d'un étranger ; car on dirait
presque que, pour juger avec impartialité, il faut être à distance
des personnes et des choses. » (Charles de Forster, *Quinze ans à
Paris*, 1848, vol. 2, p. 119.)

Tableau anglais

[28 juillet 1830] «... vient d'apporter la nouvelle que les Tuileries et le Louvre ont été pris par le peuple ! Le comte A. d'O. [Orsay] a envoyé deux domestiques aux Tuileries pour tâcher de sauver l'admirable portrait du Dauphin par sir Thomas Lawrence. Ses indications étaient si précises qu'ils l'ont trouvé immédiatement, mais il était déchiqueté, et les fragments répandus sur le sol.» (Countess of Blessington, *The Idler in France,* 1841, p. 274.)

Théâtre

«L'établissement d'un théâtre anglais à Paris ne pouvait avoir lieu dans des circonstances plus favorables. De tristes préventions longtemps entretenues par une politique habile, mais qui devaient tomber avec cette politique même, ont cessé de diviser deux peuples qui marchent d'un pas égal à la tête de la civilisation [...].
Les représentations tragiques de la troupe anglaise ont été suivies avec empressement. Hamlet, Othello, Roméo, sous les traits de Charles Kemble, Ophélie, Desdémone et Juliette représentées par miss Smithson, ont ému, surpris, charmé des spectateurs dont le plus grand nombre, il faut bien le dire, ne comprenait pas ou comprenait peu l'idiome dans lequel ces acteurs s'exprimaient ; mais Shakespeare ne parle pas moins aux yeux qu'à l'intelligence.»

(Moreau, *Souvenirs du Théâtre Anglais à Paris,* 1827, p. 6-7.)

Achille Devéria
H. G. Smithson, 1827.

La célèbre actrice épousa son plus fervent admirateur parisien, Hector Berlioz.

Trident

«Madame Morel : – "Oui, Monsieur, c'est ici l'hôtel du Trident britannique."
Charles : – "Vous devez avoir beaucoup d'Anglais ?"
Madame Morel : – "Je m'en vante, et ma cuisine est bien faite pour les attirer ; je n'en suis pas moins française dans l'âme, voyez-vous et le Trident britannique renferme une arrière pensée. [...] Ela !

H. C. Smithson.

sans doute, les Anglais ne voient
dans ce trident que l'emblème de leur
puissance sur mer, et moi j'y vois
autre chose." [...]
Air : – "Car entre nous ce superbe trident,
N'est à nos yeux qu'une simple fourchette
Dont je me sers pour vivre honnêtement. »
(Théaulon, Saint-Laurent [et Bayard],
John Bull au Louvre, vaudeville, 1827, scène 1.)

Trottoir

« [La rue de l'Empereur maintenant rue de la
Paix est] pourvue de trottoirs et d'une espèce
de gouttière de chaque côté, au lieu
d'un simple ruisseau mitoyen dans lequel
les ordures flottent ou restent stagnantes
dans les autres rues de Paris.
Mais l'empereur Napoléon lui-même aux plus beaux jours
de sa puissance, n'osa pas introduire la coutume nouvelle d'un trottoir
de chaque côté ; c'eût été rompre l'égalité entre les hommes à pied
et les chevaux, entre les promeneurs et les cochers et les maîtres
de voiture, égalité qui parait si précieuse à un Français que si vous lui
vantez la sûreté et la commodité des trottoirs anglais, il vous répondra
avec un air poliment composé : "C'est très bien pour messieurs
les Anglais ; pour moi, j'aime la totalité de la rue". Les phrases sonores
dit le juge Shallow, sont et seront toujours d'un grand prix, et les mots
de "la totalité de la rue" réconcilient le promeneur parisien avec
l'inconvénient de se voir à chaque instant écrasé par des chevaux
ou des voitures. Mais ce privilège de la "totalité" ne peut jamais
compenser les accidents auxquels sont exposés les vieillards,
l'homme timide et l'infirme, sans parler des femmes et des enfants. »
(Walter Scott, *Lettres de Paul à sa famille écrites en 1815*, 1822, vol. 1,
p. 132-133.)

Tuileries

« Il est plus difficile, disait-il [Louis-Philippe], d'attirer aux fêtes de la Cour les habitants de l'autre côté de la Seine que ceux de l'autre côté du détroit". Il est de fait qu'à cette époque le faubourg Saint-Germain tout entier brillait aux Tuileries par son absence, et que les Anglais y formaient la trop grande majorité. La compagnie n'était pas toujours des plus distinguées. J'étais encore presqu'un petit garçon, mais je me rappelle fort bien la réponse invariable de lord*** quand ses amis lui demandaient si le dîner avait été bon et s'il s'était amusé : "C'était le dîner d'une bonne table d'hôte, et je me suis amusé comme dans un bon hôtel, en Suisse ou à Wiesbaden, dont le propriétaire m'aurait connu personnellement et aurait donné au premier garçon l'ordre de me soigner. Mais, ajoutait-il, c'est après tout, plus agréable d'y dîner quand les Anglais y dominent. Il y a plus de tenue. Quand la table est entourée de Français, ce n'est plus un roi qui dîne avec ses sujets, mais cinquante ou soixante rois dînant avec un unique sujet". Tout en faisant la part d'une certaine exagération, j'ai pu reconnaître plus tard qu'il y avait beaucoup de vrai dans la remarque de lord***. »

(*Un Anglais à Paris, notes et souvenirs*, 1893, vol. 1, p. 246.)

V

Victoria

[Visite de 1855] «Je n'ai rien contemplé qui fût comparable aux masses pressées de peuple couvrant la route jusqu'au bois de Boulogne dans cet après-midi du samedi. Toute la population suburbaine avait afflué dans Paris. Une ligne d'infanterie bordait les boulevards d'un côté, dans toute leur longueur ; de l'autre, les gardes nationaux. Et pas une maison depuis la gare, jusqu'à l'extrémité sud de la rue Royale, qui n'eût ses emblèmes, ses trophées, ses inscriptions de "welcome". [...] La Reine, après avoir quitté le Palais de l'Industrie, se fit conduire en voiture à Paris pour en visiter les monuments, et notamment la Sainte-Chapelle. [...] Peut-être sera-t-il intéressant pour ceux qui vont toujours parlant de l'amitié qui existe entre la France et l'Angleterre de savoir que, durant tout le trajet, je n'entendis pas un seul cri de : "Vive l'Angleterre !" C'était toujours : "Vive la Reine !" La foule, sans qu'elle-même s'en rendît compte et tout en cédant à l'excitation du moment, semblait établir une distinction entre le pays et sa souveraine.» (*Un Anglais à Paris, notes et souvenirs*, 1893, vol. 2, p. 153-157.)

Victor Adam
Entrée de S. M. la reine d'Angleterre à Paris, le 18 Août 1855.

Arrivée par la gare de l'Est, la reine Victoria gagna sa résidence de Saint-Cloud en voiture découverte sous les applaudissements de la foule.

Vieux Paris

«Dans la bizarrerie de mon goût, je trouve le vieux Paris plein d'attraits, et il m'offre des sources précieuses d'instruction.

Thomas Shotter Boys
L'Hôtel de Sens, 1833.

Représenté par l'artiste à de nombreuses reprises, aussi bien à l'aquarelle qu'en lithographie, l'Hôtel de Sens est encore doté ici d'adjonctions pittoresques qui disparaîtront lors de sa restauration radicale.

William Skelton
(d'après William Beechey)
Field Marshal Arthur Duke of Wellington ; Embassador Extraordinary and Plenipotentiary to the Court of France, 1814.

Loin de moi l'idée de décrier la beauté, l'agrément, les avantages et la variété infinie des quartiers nouveaux et à la mode. [...]
Le vieux Paris est infiniment plus intéressant, et d'une architecture plus belle que les anciens quartiers de Londres. Les toits en cônes rappellent de temps à autre le siècle de François Ier. Les arabesques, groupées sur des pilastres, ou qui accompagnent les façades en saillie, confirment assez que les bâtiments appartiennent à cette époque ; mais le temps, le caprice, la mode ou la misère dénatureront, en moins de deux siècles, et la forme et le fonds de ces constructions. Il en est ici comme à Rouen. On gémit sur le travail de la destruction, qui souvent a converti des cloîtres en ateliers, et de beaux édifices en magasins de toute espèce. [...] Que deux ou trois siècles accomplissent leur cours, et peut-être les Tuileries et le Louvre seront-ils comme la Bastille et le Temple aujourd'hui !»
(T. F. Dibdin, *Voyage bibliographique, archéologique et pittoresque en France*, 1825, vol. 3, p. 65-66.)

FIELD MARSHAL
ARTHUR DUKE OF WELLINGTON,
EMBASSADOR EXTRAORDINARY AND PLENIPOTENTIARY TO THE COURT OF FRANCE
COLONEL OF THE ROYAL REGIMENT OF HORSE GUARDS,
DUKE OF CIUDAD RODRIGO IN SPAIN, DUKE OF VITTORIA IN PORTUGAL, &c. &c. &c.

Wellington

« Je n'ai point encore cité l'Anglais du siècle, et ne fût-ce
que pour arriver aux bals somptueux qu'il donna, je dois nommer
le duc de Wellington. Rien d'héroïque dans sa figure, rien que
de commun dans ses discours, exprimés en mauvais français.
On m'avait dit que quelques femmes l'avaient, au commencement,
accablé de paroles dont l'esprit lui échappait, et il nous traitait
de phraseuses ; aussi lui ai-je parlé fort peu.
Il est vrai qu'on s'était permis de lui faire des questions
sur ses opérations militaires en France, et, impatienté une fois
de ce que Mme Alfred de Noailles, ou Mme de Duras, lui demandait
comment il avait pu tant différer de passer l'Adour :
"Madame, répondit-il, il y avait de l'eau. » (Comtesse de Chastenay,
Mémoires (1771-1815), 1896, vol. 2, p. 459-460.)

Worth

« Worth ne régnait pas, à cette époque, comme arbitre incontesté
de la mode : les cocodettes du cercle impérial pouvaient alors suivre
leurs propres fantaisies dans l'élaboration de leur innombrables
toilettes ; Paris "l'arsenal des modes", comme l'avait dix ans
plus tôt, et non sans gloriole, surnommé Mme de Girardin,
n'avait pas encore été pris d'assaut par un naturel du bucolique
comté de Lincoln. Mais tout changea bientôt. Worth, devenu
le plus absolu des autocrates en matière d'ajustements féminins,
inaugurait un régime nouveau qui n'était pas même celui
d'un despotisme éclairé ; sa volonté avait force de loi. Chaque genre
de divertissement entraînait avec lui son costume approprié,
et bien souvent le costume devenait le seul prétexte du
divertissement. » (*Un Anglais à Paris, notes et souvenirs,*
1894, vol. 2, p. 110-111.)

bibliographie

Afin d'aider à replacer les récits de voyage dans leur succession, les titres sont classés, dans la mesure du possible, dans l'ordre chronologique de leur rédaction. La première partie rassemble les sources anciennes citées dans le « dictionnaire portatif » ; la seconde, un choix d'études modernes sur le sujet.
Les livres présentés à l'exposition sont suivis du nom en abrégé de la bibliothèque d'emprunt (BHVP : Bibliothèque historique de la Ville de Paris ; BNF : Bibliothèque nationale de France).

Sources

Carr, sir John,
The Stranger in France or a Tour from Devonshire to Paris, Londres, 1803, trad. fr., Alfred Babeau
Les Anglais après la Paix d'Amiens. Impressions de voyage de sir John Carr. Etudes, traduction et notes, Paris, 1898.

Yorke [Rehead], Henri,
Letters from France, Londres, 1804, trad. fr., *Paris et la France sous le Consulat*, Paris, 1921.

Galignani's Repertory or Literary Gazette and Journal of the Belles Lettres, 1807-1817,
puis *Galignani's Weekly Repertory or Literary Gazette*, 1818-1820 (BNF),
puis *Galignani's Literary Gazette or Sunday Messenger*, 1821-1825. (BNF)

The Galignani's Messenger,
Paris, 1814-1895. (Coll. part.)

Scott, John,
A visit to Paris in 1814, being a review of the moral, political, intellectual and social condition of the French capital,
Londres, 1815. (BHVP)

Scott, John,
Paris revisited in 1815,
Londres, 1816.

Scott, sir Walter,
Lettres de Paul à sa famille écrites en 1815..., trad. fr., 3 vol.,
Paris, 1822. (BNF)

A. F.,
Anglaisiana ou les Anglais, les Ecossais et les Irlandais à Londres et à Paris ; ouvrage curieux et amusant par les anecdotes, les bons mots... des habitants des trois Royaumes, Paris 1815.

Burney, Fanny,
The Journals and Letters,
Oxford, 1972-1984, 12 vol., trad. fr. partielle, Fanny d'Arblay, *Du Consulat à Waterloo, Souvenirs d'une Anglaise à Paris et à Bruxelles*, Paris, 1992.

Morgan, Sydney Owenson, Lady,
La France, trad. fr., 2 vol.,
Paris, 1817. (BHVP)

Nash, Frederick (ill.)
et Scott, John (texte),
Picturesque views of the city of Paris and its environs..., Londres, 1820. (BHVP)

Chastenay,
comtesse Victoire de,
Mémoires (1771-1815),
2 vol., Paris, 1896.

Galignani's Monthly Review and Magazine, 1822-1823,
puis fusion avec *The Paris Monthly Review of British and Continental Literature* (1822-1823), pour former le *Galignani's Magazine and Paris Monthly Review*, 1823-1825.

M...,
Le Petit Diable boiteux ou le guide anecdotique des étrangers à Paris,
Paris, 1823.

Dibdin, Thomas Frognall,
Voyage bibliographique, archéologique et pittoresque en France, trad. fr. sans les ill., 4 vol., Paris, 1825. (BHVP)

Théaulon, Saint-Laurent et [Bayard],
John Bull au Louvre, vaudeville en trois tableaux, Paris, 1827.

Cruikshank, George,
Life in Paris or the rambles, sprees, and amours, of Dick Wildfire, Squire Jenkins and captain O'Shuffleton..., and other eccentric characters in the French metropolis...,
Londres, 1828. (BHVP)

La Mode, Paris, 1830, vol. I.

Morgan,
Sydney Owenson, Lady,
La France en 1829 et 1830,
trad. fr., 2 vol., Paris, 1830. (BHVP)

*The Paris Directory and Visitor's guide.
A descriptive account of each separate
curiosity, institution or edifice...,*
Paris, 1834. (BHVP)

Trollope, Frances Milton, Mme,
Paris et les Parisiens en 1835,
3 vol., Paris, 1836. (BHVP)

Turner, J. M. William,
*The Rivers of France – Les Fleuves
de France,* Londres, 1837,
rééd., Paris, 1990.

Thackeray, William Makepeace,
*The Paris Sketch Book of Mr.
M-A. Titmarsh,* 2 vol.,1840,
The Works of Thackeray,
vol.16, Londres, 1885.

Thackeray, William Makepeace,
The Second Funeral of Napoléon,
Londres,1840, trad. fr.,
*Les Quatre Georges, études
sur la cour et la société anglaise* [suivi
des Secondes Funérailles de
Napoléon], Paris, 1869.

Thackeray, William Makepeace,
*The Memoirs of Mr. Charles
J. Yellowplush,* Londres, 1841,
trad. fr., *Mémoires d'un valet
de pied,* Paris, 1988.

Blessington, Countess of,
The Idler in France, Paris,
1841. (BNF)

Desnoyers, [Derville] Louis,
« Aperçu général
sur les étrangers à Paris »
et Old Nick [Forgues,
Paul-Emile], « L'Anglais »,
in *Les Etrangers à Paris,* Paris,
s.d. [1844]. (Carnavalet)

Forster, Charles de,
Physiologie de l'Etranger,
Paris, 1844. (BHVP)

Marchal, Charles,
Physiologie de l'Anglais à Paris, Paris,
s.d. [1844 ?]. (BHVP)

Thackeray, William Makepeace,
The Book of Snobs, Londres, 1848,
trad. fr., *Le Livre des Snobs,*
Paris, 1990.

Saint-John, Bayle,
*Purple Tints of Paris, Character
and Manners in the New Empire,*
2 vol., Londres, 1854.

Wey, Françis,
*Dick Moon en France, journal
d'un Anglais de Paris,* Paris, 1862.

Lemoinne, John,
« La Colonie anglaise »,
in *Paris-Guide,* vol. 2,
p. 1052-1058, Paris, 1867.
(Carnavalet)

Bertall et Ralston,
« Londres vu par un Français »
et « Paris vu par un Anglais »,
L'Illustration, Paris, 1874, vol. 2, p.
44-45, 70, 72-73, 86-87,
92-93, 102-103, 108-109, 125.

Anonyme,
*Un Anglais à Paris, notes
et souvenirs,* vol. 1, 1835-1848,
vol. 2, 1848-1871, trad. par
J. Hercé, Paris, 1893-1894.

Etudes

Du Pontavice du Heussey, Robert,
« Charles Dickens à Paris
d'après sa correspondance
et des documents inédits »,
in *Le Livre, bibliographie rétrospective,*
VII, 1886, p. 1-16 et 97-116.

Bertillon, Dr. Jacques,
*Origine des habitants de Paris, lieu de
naissance des habitants de Paris en
1833 et en 1891. Les Etrangers
à Paris, leur origine et leurs professions,*
Paris, 1895.

Baldensperger, Fernand,
« L'Angleterre et les Anglais
vus à travers la littérature
française », *Bibliothèque Universelle
et Revue Suisse,*
n° 113, mai 1905, p. 305-332.

Boutet de Montvel, Roger,
Les Anglais à Paris de 1800 à 1850,
Paris, 1911.

Dorbec, Prosper,
*L'Art du Paysage en France.
Essai sur l'évolution de la fin
du xviiie siècle à la fin
du Second Empire,* Paris, 1925.

Delattre, Floris,
Dickens et la France, Paris, 1927.

Smith, Marion Elmina,
*Une Anglaise intellectuelle en France
sous la Restauration :
Mrs Mary Clarke,* Paris, 1927.

Elkington, Margery E.,
*Les Relations de société entre la France
et l'Angleterre (1815-1830),*
Paris, 1929.

Carré, Jean-Marie,
« Stevenson et la France »,
Mélanges Baldensperger, Paris, 1930.

Las Vergnas, Raymond,
*W. M. Thackeray, l'homme, le penseur,
le romancier,* Paris, 1932.

Moraud, Marcel,
*La France de la Restauration
d'après les visiteurs anglais
(1814-1821),* Paris, 1933.

Cat. exp., *Voyages et visites
des souverains britanniques en France
aux xixe et xxe siècles,*
Paris, château de Bagatelle, 1935.

Rosset, Anne-Marie,
*Collection De Vinck (Bibliothèque
Nationale), inventaire analytique,*
vol. 5, La Restauration et les Cent-Jours,
Paris, 1938.

Adhémar, Jean et Sutton, Denys,
cat. exp., *Huit siècles de vie
britannique à Paris*, Paris,
musée Galliera, 1948.

Gaudibert, Pierre,
« *Paris romantique* » vu
par les aquarellistes anglais,
Bulletin du musée Carnavalet, Paris,
juin 1957, p. 1-15.

Wilkinson, James V.,
« John and Josephine Benoite Bowes
and France of 1870-1871 »,
Durham University Journal,
mars 1959, p. 49-64.

Reboul, Pierre,
*Le Mythe anglais dans la littérature
française sous la Restauration*,
Lille, 1962.

Campos, Christophe,
*The View of France, from Arnold
to Bloomsbury*, Londres, 1965.

Marandon, Sylvaine,
*L'Image de la France dans la conscience
anglaise (1848-1900)*, Paris, 1967.

Hautecœur, Louis,
« Une famille de graveurs
et d'éditeurs parisiens, les Martin
et les Hautecœur »,
in *Paris et Ile-de-France*, vol. 18-19
(1967-1968), p. 203-240,
Paris, 1970.

Roundell, James,
Thomas Shotter Boys 1803-1874,
Londres, 1974.

Ray, Gordon N.,
*The Illustrator and the Book in England
from 1790 to 1914*,
New York, 1976, éd. 1991.

Lapie, Pierre-Olivier,
*Les Anglais à Paris de la Renaissance
à l'Entente Cordiale*, Paris, 1976.

« Dessins parisiens des XIXe et XXe
siècles », *Bulletin du musée Carnavalet*,
Paris, 1976.

Hughes, Peter,
The Founders of the Wallace Collection,
Londres, 1981.

Ingamells, John,
*The 3rd Marquess of Hertford
(1777-1842) as a collector*,
Londres, 1983.

Pointon, Marcia,
Bonington, Francia & Wyld,
Londres, 1985.

Evans, Godfrey,
cat. exp., *French Connections,
Scotland & the arts of France*,
Edimbourg, Royal Scottish
Museum, 1985.

Farwell, Beatrice,
cat. exp., *The Charged Image,
French Lithographic Caricature,
1816-1848*, Santa Barbara, 1989.

Martin-Fugier, Anne,
*La Vie élégante ou la Formation
du Tout-Paris, 1815-1848*, Paris, 1990.

Gerbod, Paul,
*Voyages au pays des mangeurs
de grenouilles, la France vue
par les Britanniques du XVIIIe siècle
à nos jours*, Paris, 1991.

Cat. exp., *Un certain charme
britannique*, Autun,
musée Rolin, 1991.

Athanassoglou-Kallmyer,
Nina Maria,
*Eugène Delacroix, Prints, Politics
and Satire, 1814-1822*,
New Haven et Londres, 1991.

Noon, Patrick,
cat. exp., *Richard Parkes Bonington,
« Du plaisir de peindre »*, New Haven,
Yale Center for British Art,
1991 – Paris, musée du Petit Palais,
1992.

Ackroyd, Peter,
Charles Dickens, trad. fr., Paris, 1993.

Suhamy, Henri,
Sir Walter Scott, Paris, 1993.

Graham, Lesley,
*Voyageurs écossais en France au XIXe
siècle : image de la France,
reflet de l'Ecosse*,
thèse dactylographiée,
université de Bordeaux-III, 1994.

liste des œuvres

Catalogue des œuvres exposées au musée Carnavalet du 20 septembre
au 11 décembre 1994.
La liste suit l'ordre des œuvres dans l'exposition.
Les mesures sont en centimètres (la hauteur précédant la largeur),
au coup de planche pour les gravures en taille douce
(sauf mention contraire : feuille), à la bordure du feuillet
pour les lithographies, les bois et les dessins.

Paris, l'espace d'une trêve, 1801-1803

Dessin
1 ill. p. 13 Thomas Girtin (1775-1802)
Le Faubourg et la porte Saint-Denis, 1802
Plume, aquarelle et lavis brun, 23 × 48
Carnavalet, D. 5868 bis.

Estampes
2 ill. p. 9 Anonyme
Descente en Angleterre, vers 1804
Eau-forte tirée en bistre, forme d'éventail, 23,2 × 43,7
Carnavalet, PC. Hist. 30C.

3. James Gillray (d'après)
*Preliminaries of peace ! -or- John Bull, and his Little
Friends « Marching to Paris »*
Réduction, datée du 8 nov. 1801, d'une gravure de
Gillray publiée le 6 octobre
Eau-forte coloriée, feuille, 19,2 × 24,2
Carnavalet, Hist. PC. Car. Angl.

4 ill. p. 10
*The first Kiss this Ten Years ! -or-
the meeting of Britannia & Citizen François*
Réduction d'une gravure de Gillray
publiée le 1er janvier 1803
Eau-forte coloriée, 22,8 × 17,6
Carnavalet, Hist. PC. 31C.

5. Louis Le Cœur
Paix générale An X ...
Aquatinte coloriée, 28 × 21
Carnavalet, PC. GK. 16704.

6. Anonyme
L'Anglais tourmenté du Mal de Mer,
Eau-forte coloriée, 25,5 × 20,1
Carnavalet, Hist. PC. 31 bis E.

7. Thomas Rowlandson (d'après Bunbury)
Englishman at Paris (May 1803)
Eau-forte coloriée, 27,7 × 20,5
Carnavalet, PC. G. 19366.

8. Naudet
Le Ventriloque, Les Etrangers au Caffé Borel
Eau-forte coloriée, 27,4 × 33,8
Carnavalet, PC. G. 10838.

9 ill. p. 15 *Le Pavillon de la Paix
dans le jardin du Tribunat*
[Palais Royal], *Les Adieux des Anglais à Paris*, vers 1803
Eau-forte coloriée, feuille, 32 × 46,2
Carnavalet, GC. G. 17096.

10 ill. p. 6 Levachez (d'après Carle Vernet)
Costumes modernes Français et Anglais
Autre état, intitulé : *Oh, c'est bien ça !*,
déposé le 28 Nivôse An XI/janv. 1803
Aquatinte coloriée, feuille, 37,5 × 56,1
Carnavalet, GC. G. 13179.

11. Thomas Girtin
*A Selection of Twenty of the Most Picturesque Views in
Paris and Its Environs ...* 1803,
Recueil de vingt gravures à l'aquatinte
Bibliothèque historique de la Ville de Paris, Rés. F° M° 58.

12. L. Hill (d'après John Claude Nattes)
*Planches tirées de Versailles, Paris, and Saint Denis, or a
series of views from drawings made on the spot, by J. C.
Nattes, illustrative of the capital of France, and the
surrounding places ...*, Londres, s.d.
Aquatinte, env. 29,8 × 40
– n° 17, *Church of Saint Germain*, Paris, 1810
– n° 20, *Le Lavoir de l'hotel dieu...*, 1806
– n° 26, *Vue prise de dessous l'Arche de Givri...*, 1807
Bibliothèque historique de la Ville de Paris, Rés. 10260.

Paris occupé, 1814-1816

Dessins
13. Anonyme
Une femme et quatre officiers anglais et écossais, caricature
Encre, 23 × 33,5
Carnavalet, Mœurs PC. D. 9516.

14. Etienne-Jean Delécluze
L'Anglais chez Very
Inscription : *Very restaurateur*
Cachet de la vente Delécluze au verso du montage
Mine de plomb sur papier calque, 22,4 x 15
Collection particulière.

Estampes
15 ill. p. 113 William Skelton
(d'après William Beechey)
Field Marshal Arthur Duke of Wellington ; Embassador Extraordinary and Plenipotentiary to the Court of France ...,
décembre 1814
Eau-forte, 50 x 38,7
Carnavalet, Portrait, GC. XXI.

16. Pierre Adam (d'après François Gérard)
Le duc de Wellington
Gravure de 1852 d'après un tableau de 1814
Eau-forte, 27 x 19
Carnavalet, Portrait, PC. 313.

17. Louis-Philibert Debucourt (d'après Carle Vernet)
Rencontre d'Officiers Anglais, sept. 1814
Aquatinte coloriée, 35,3 x 25,8
Carnavalet, PC. G. 1157.

18. *Marche d'Officiers Anglais,* 1814
Aquatinte coloriée, 34,9 x 25,3
Carnavalet, PC. G. 1156.

19. *Officiers Anglais et Ecossais,* 1814
Aquatinte coloriée et manière de crayon, 33,7 x 25
Carnavalet, PC. G. 1160.

20. *Tambours Russe et Anglais,* 1814
Aquatinte coloriée, 36,7 x 26,3
Carnavalet, PC. G. 1162.

21. Georges-Jacques Gatine (d'après Horace Vernet)
Uniformes Anglais, Paris, n° 26
Eau-forte coloriée, feuille, 42 x 26,7
Carnavalet, PC. G. 4441.

22. Godissart de Cari
L'Arrivée, Un Anglais attaqué du Spleen, vient se faire traiter en France, février 1815
Eau-forte coloriée, 20,5 x 26,5
Carnavalet, PC. G. 10901.

23 ill. p. 17 Henri Gérard-Fontallard
Les Anglaises de 1814
Monogramme : *H. F.*
Eau-forte coloriée, 24,9 x 20,2
Carnavalet, Hist. PC. 35G.

24. Henri Gérard-Fontallard (?)
Les Anglais de 1814, août 1814
Monogramme : *A*
Eau-forte coloriée, 25,3 x 20,2
Carnavalet, Hist. PC. 35G.

25. Henri Gérard-Fontallard
Anglais à la promenade, 1814
Monogramme : *H. F.*
Eau-forte coloriée, 26,7 x 19
Carnavalet, Hist. PC. 37C.

26. Anonyme
La famille anglaise à Paris, Le Suprême Bon Ton, n° 11
Eau-forte coloriée, 22,3 x 27
Bibliothèque historique de la Ville de Paris, F° M° 63.

27. Adrien Godefroy le fils
Les Modes anglaises à Paris, Le Suprême Bon Ton, n° 22
Monogramme : *A. G.*
Eau-forte coloriée
Bibliothèque historique de la Ville de Paris, Rés. F° M° 63.

28 ill. p. 18 *Rencontre d'Anglais à Paris,*
Le Suprême Bon Ton, n° 23, juillet 1814
Monogramme : *A. G.*
Eau-forte coloriée, 20,8 x 27,2
Carnavalet, PC. G. 10948.

29 ill. p. 90 *L'Amour et les Grâces arrivant de Londres,*
Le Suprême Bon Ton, n° 24, 1814
Monogramme : *A. G.*
Eau-forte coloriée, 20,8 x 27,6
Carnavalet, PC. G. 10949.

30. *L'Avenue des Champs Elisées à Paris, Le Suprême Bon-Ton, n° 28,* 1814
Monogramme : *A. G.*
Eau-forte coloriée, 24,2 x 31,2
Carnavalet, PC. G. 10950.

31. M.M. Brunet, Pottier et Vernet (Théâtre des Variétés)
dans les rôles de Miladi Bibembrock, Miladi Krekmerott et Fusin, dans « Les Anglaises pour rire », au moment de la leçon de Prononciation Anglaise, « Y Love You »
Monogramme : *A. G.*
Eau-forte coloriée, 27 x 19,9
Collection particulière.

32. Anonyme
Les Anglais au Salon de 1814, nov. 1814
Eau-forte coloriée, 25,9 x 29,3
Bibliothèque nationale de France, département des Estampes, Qb 1, novembre 1814.

33 ill. p. 87 A. F. D
La Famille anglaise au Museum à Paris, 1814-1815
Eau-forte coloriée, 21,3 x 28,5
Carnavalet, Mœurs PC. 105/5.

34. Anonyme
Costumes Anglais, Le Bon Genre, n° 68, 1814
Eau-forte coloriée, 22,7 x 27,8
Carnavalet, PC. G. 10791.

35. Anonyme
Costumes Anglais, Le Bon Genre, n° 69, 1814
Eau-forte coloriée, 22,7 x 27,9
Carnavalet, PC. G. 10792.

36. Anonyme
Uniformes Anglais, Le Bon Genre, n° 70, 1814
Eau-forte coloriée, 27,7 x 22,5
Carnavalet, PC. G. 10795.

37. Anonyme
Costumes Anglais, Le Bon Genre, n° 72, 1814
Eau-forte coloriée, feuille, 22,6 x 33,3
Carnavalet, PC. G. 10797.

38. Anonyme
Costumes Anglais & Français, Le Bon Genre, n° 74, 1815
Eau-forte coloriée, 22,4 x 27,7
Carnavalet, PC. G. 10799.

39. Anonyme
Costumes Anglais, Le Bon Genre, n° 75, 1815
Eau-forte coloriée, feuille, 21,1 x 27,7
Carnavalet, PC. G. 10800.

40. Anonyme
Costumes Français et Uniformes Anglais,
Le Bon Genre, n° 82, 1815
Eau-forte coloriée, 20,2 x 25,5
Carnavalet, PC. G. 10804.

41. Anonyme
Costumes Anglais, Le Bon Genre, n° 83, 1815
Eau-forte coloriée, 20,2 x 25,5
Carnavalet, PC. G. 10806.

42. Anonyme
Les Anglais sortant de chez le restaurateur à Paris,
janvier 1815
Eau-forte coloriée, 21,5 x 32,3
Carnavalet, Mœurs PC. 80/2.

43. Sébastien Cœuré
La Belle décidée ou l'adroite coquine : Je ne balance plus,
Sémelor, je te prend, / Ah ! rien d'un bon Louis, au monde
ne m'écarte, / Bona, m'offre vingt francs, mais c'est la son
restant, / Plus d'argent je le hais, ainsi que Bonaparte.
Inscription dans la gravure : « *sir Sénelor, Négociant*
anglais », « *M. Bona, officier plumé* »
Eau-forte coloriée, 25,3 x 29
Carnavalet, Hist. PC. 37F.

44. Eugène Delacroix
Troupes Anglaises. Le Bagage de campagne, octobre 1815
Eau-forte coloriée, 24,2 x 17,3
Bibliothèque nationale de France, département des
Estampes, Dc. 183a Rés., in folio.

45. Dubourg (d'après Scharf)
Review of British troops at Montmartre, near Paris, by the
Duke of Wellington, 21st. October 1815
Aquatinte coloriée, feuille, 25,5 x 31,7
Carnavalet, Hist. PC. 36 bis F.

46. Anonyme
Camp des Anglais, Irlandais, Ecossais, aux Champs Elisées
à Paris en 1815
Eau-forte coloriée, 28,8 x 38,5
Carnavalet, Hist. PC. 36 bis G.

47 ill. p. 61 Anonyme
Bivouac anglais au Champs Elisées, 1815
Eau-forte, 25,7 x 33,6
Carnavalet, Topo. PC. 129 H.

48. Jean-Pierre Jazet (d'après Aaron Martinet)
Bivouac anglais, Dans les Champs-Elysées, pris de chez
Doyen, 1816
Aquatinte, 31,4 x 41,2
Carnavalet, GC. G. 17063.

49. Pierre-Charles Coqueret (d'après Aaron Martinet)
Bivouac anglais, Dans le Bois de Boulogne pris de la Porte
Maillot
Aquatinte, 32 x 41
Carnavalet, GC. G. 17062.

50. Anonyme
Anglais ! voilà les Français !... Evénement malheureux
arrivé au canal de l'Ourq, le 24 novembre 1815
Eau-forte coloriée, 36,2 x 48,5
Carnavalet, Hist. GC. XII/A.

51. Anonyme
Les Ecossais à Paris ou la curiosité des femmes,
n° 4, septembre 1815
Eau-forte coloriée, 21,3 x 29,2
Carnavalet, Hist. PC. 37E.

52. Anonyme
Le Repas du Chat ou Honni soit qui mal y pense
Aquatinte coloriée, 21,6 x 28
Carnavalet, Hist. PC. 37E.

53. Anonyme
Marons Rotis
Eau-forte coloriée, 27,2 x 37,8
Carnavalet, Mœurs GC. 21.

54 ill. p. 84 Anonyme
Le Prétexte, 1814-1815
Eau-forte coloriée, 23,4 x 29,4
Carnavalet, Hist. PC. 37E.

55. Pierre-Michel Alix (d'après N. Cœuré)
La Leçon d'équitation ou l'Amante Distraite
Aquatinte coloriée, 25,5 x 37
Carnavalet, Hist. PC. 37E.

56. Anonyme
Le Troubadour jouant de six instrumens, Le Bon Genre,
n° 86, 1815
Eau-forte coloriée, 21,8 x 25,9
Carnavalet, PC. G. 10809.

57. Anonyme
Le Md. turc au Palais Royal ou le désir des femmes, 1816
Eau-forte coloriée, 21,2 x 26,3
Carnavalet, PC. G. 22743.

58. Auguste Blanchard fils (d'après
Noël-Dieudonné Finart)
La Nouvelle Mode ou l'Ecossais à Paris, septembre 1815
Eau-forte coloriée, feuille, 32,7 x 23
Carnavalet, PC. G. 10289.

59. *L'Amateur Anglais à Paris*, septembre 1815
Eau-forte coloriée, feuille, 32 x 20,4
Carnavalet, PC. G. 10288.

60 ill. p. 94 Anonyme
L'Embarras du choix ou les Anglais au
Palais Royal, août 1815
Eau-forte coloriée, feuille, 21,8 x 32,1
Carnavalet, PC. G. 10955.

61. Pierre-Michel Alix (d'après Saint-Fal)
Les Anglais en goguette ou Partie carrée
Lettre rognée, 1816
Aquatinte coloriée, feuille, 22 x 33,3
Carnavalet, Hist. PC. 37C.

62. ill. p. 99 Anonyme
N° 1. Ché crois que le digestion il se fait...
N° 2. Ché nai havé hété chamais pas dans in Pareille
bonne viande !!!!!, Suprême Bon Ton n° 5, octobre 1815
Inscription dans la gravure : *Very frères*
Eau-forte coloriée, 30,4 x 22,2
Carnavalet, PC. G. 10956.

63 ill. p. 23 Thiebaut (d'après D.)
Dragon Anglais donnant un gage de sa fidélité en quittant
Paris, vers 1818
Eau-forte coloriée, 33,6 x 24,6
Carnavalet, Hist. PC. 37C.

64. Anonyme
Sir Robert Thomas Wilson, général anglais ; Sir John Ely
Hutchinson, capitaine ; et Michel Bruce, citoyen anglais ;
accusés d'avoir facilité l'évasion de Mr de Lavalette,
méditant à la Force, cour des opinions, leurs moyens
de défense, 1816
Eau-forte, 25,8 x 35,2
Carnavalet, Hist. PC. 36bis F.

65. Anonyme
La Pétarade, Les Français ils vont dire que vous être pas
poli, Mylord !... Pah ! Les Français ? vous s'havez bien qu'ils
n'entendent pas le anglais, Suprême Bon Ton, n° 7, 1816
Eau-forte coloriée, 26,3 x 38,6
Carnavalet, PC. G. 10940.

66. Anonyme
Le quart d'heure de Rabelais, au Palais Royal, Goddam !
quinze cent francs pour un déjeuner !!! C'est beaucoup
fort cher - yes, yes, yes..., 1817
Eau-forte coloriée, 27 x 37,2
Carnavalet, GC. G. 22441.

67. Louis-Philibert Debucourt
Goûter des Anglais, déc. 1815
Aquatinte coloriée, 33,5 x 26
Carnavalet, GC. G. 11330.

68 ill. p. 57 Louis Quéverdo
Milord Bouffi payant sa Carte à Madame Véri
Eau-forte coloriée, 34,7 x 24,8
Carnavalet, PC. G. 18 107.

69. Caroline Naudet
Milord Pouffe à sa toilette, 1823
Eau-forte coloriée, 27 x 19,5
Carnavalet, Mœurs PC. 14.

70. Anonyme
Milord Sucre en visite
Eau-forte coloriée, 22,9 x 16,3
Collection particulière.

71. John Sharp (d'après)
La Revanche Angloise ou le Pâtissier du Palais Royal,
Annales du ridicule n° 7
Inscription dans la gravure : *Passage du Perron*
Aquatinte coloriée, 15 x 19
Carnavalet, Topo PC. 33D.

72. Chalinet
Un Anglais d'autrefois, Musée Grotesque,
n° 9, octobre 1815
Eau-forte coloriée, 20,6 x 26,3
Carnavalet, PC. G. 10902.

73 ill. p. 71 *Un Anglais d'aujourd'hui,*
Musée Grotesque, n° 10, octobre 1815
Eau-forte coloriée, 21 x 26,5
Carnavalet, PC. G. 10904.

74. Anonyme
Le Thé Anglais
Eau-forte coloriée, 25,5 x 33,3
Carnavalet, PC. G. 10865.

75. Anonyme
Reunion des Dames Anglaises. Ladi Arrhée, Ladi Gestion,
Ladi Minution, Ladi Mension, Ladi Ssection, Ladi Vulguée,
Ladi Ssimulée
Eau-forte coloriée, 24,5 x 33,7
Carnavalet, Mœurs PC. 140/7.

76. Anonyme
Les Anglais... Voilà les Français !,
Suprême Bon-Ton
Eau-forte coloriée, 24,7 x 34,3
Carnavalet, PC. G. 10954.

77. A. Godefroy
La Course des Montagnes russes à Paris,
Le Suprême Bon-Ton, n° 29
Monogramme : *A. G.*
Eau-forte coloriée, 26 x 34,9
Carnavalet, PC. G. 10951.

78. Anonyme
La curiosité anglaise ou le danger des montagnes russes
Eau-forte coloriée, 23 x 29,8
Carnavalet, Topo. PC. 134A2.

79 ill. p. 83 Godissart de Cari
Un peu d'aide fait grand bien, Musée Grotesque,
n° 27, 1819
Inscription dans la gravure : *Avis aux Etrangers sur*
les dangers de Paris ...,
Eau-forte coloriée, 21,8 x 27,4
Carnavalet, PC. G. 10921.

80 ill. p. 23 Louis Maleuvre
Le Paquebot, Scène prise entre Douvres et Calais sur le
bateau à vapeur la Furie... Musée Grotesque, n° 55
Eau-forte coloriée, 21,3 x 26
Carnavalet, PC. G. 10933.

81 ill. p. 21 George Cruikshank
A peep at the French Monstruosities, Le Palais Royal de
Paris, septembre 1818
Eau-forte coloriée, feuille, 25,4 x 36
Carnavalet, Topo PC. 33C1.

82. *Life in Paris or the rambles, sprees, and amours, of*
Dick Wildfire, Squire Jenkins and Captain O'Shuffleton...,
and other eccentric characters in the French metropolis.
Embellished with twenty one comic vignettes, and twenty
one coloured engravings, of scenes from real life,
Londres, 1828
– volume (BHVP, Rés. 921451)
Planches détachées, aquatinte en couleur, feuille,
15 x 23,2
– *Dick Wildfire & Squire Jenkins seeing «Real Life» in the*
Galleries of the Palais Royal, 1822, ill. p. 90-91
Carnavalet, Topo PC. 33 C
– *Dick Wildfire introduced by Captain O'Shuffleton to a*
Rouge et Noir Table, in the Palais Royal, 1822,
ill. p. 146-147
Carnavalet, Topo PC. 33 D.

83. *Doctor Syntax in Paris or a Tour in search of the*
Grotesque, a humorous & satirical poem, Londres, 1820,
illustrations par Williams
Aquatinte en couleur
Bibliothèque historique de la Ville de Paris,
Rés. 921 941.

▮ Paris et les paysagistes anglais

Peintures

84 ill. p. 29 John James Chalon (1778-1854)
Le Marché et la fontaine des Innocents
S.D.b.d. : *Jn. Ja. Chalon 1822*
Huile sur toile, 106 x 152
Carnavalet, don de la Société des Amis
du musée, 1986, P. 2271.

85 ill. p. 75 Colet Robert Stanley (1795-1868)
Le Boulevard des Capucines
S.(D.) b.g. : *C. R. Stanley...*, vers 1828
Huile sur toile, 71 x 94
Carnavalet, P. 1972.

86 ill. p. 97 George Arnald (1763-1841)
Panorama de Paris depuis Montmartre,
vers 1829
S.b.c. : *G Arnald*
Huile sur toile, 90 x 246
Carnavalet, don de S. M. le Sultan Qaboos Bin Saïd,
Sultan d'Oman, 1989, P. 2360.

87 ill. p. 40 William Parrott (1813-?)
Le Quai Conti
S.D.b.c. : *W. Parrot 46*
Huile sur toile, 32 x 51
Carnavalet, don de la duchesse de Sutherland, 1949,
P. 1843.

Dessins

88. Frederick Nash (1782-1856)
Le Boulevard des Italiens, gravé en 1820
S.b.g. : *Nash*
Aquarelle, 19,5 x 25,5
Collection particulière.

89. *La Barrière de Passy*
Aquarelle, 14,5 x 21,8
Paris, fondation Custodia,
collection F. Lugt, Institut Néerlandais,
inv. 1970-T.6.

90. Alexandre Colin (1798-1875)
Portrait de Bonington, la tête appuyée sur la main
Mine de plomb, 15,8 x 13,2
Carnavalet, album Destailleur, D. 431.

91. Richard Parkes Bonington (attribué à) (1806-1828)
Vue de l'Institut et du Pont des Arts, vers 1827
Mine de plomb, 12,1 x 18,4
Carnavalet, don de Mr. Percy Moore Turner,
1946, D. 7111.

92. Joseph Nash (1808-1878)
La Construction de l'Arc de Triomphe
S.D.b.d. : *J. Nash 1830*
Mine de plomb, 22,5 x 29
Paris, fondation Custodia,
collection F. Lugt, Institut Néerlandais, inv. 1971-T.56.

93. Thomas Shotter Boys (1803-1874)
La Rue des Prêtres Saint-Germain l'Auxerrois et le café Momus
S.D.b.g. : *Boys 1829*
Mine de plomb sur papier calque,
21,2 x 16,7
Carnavalet, D. 167.

94 ill. p. 78 *L'Angle de la rue Bailleul et de la rue Jean Tison*
S.D.b.d. : *T. Boys 1831*
Aquarelle et rehauts de gouache, 22,5 x 34,7
Carnavalet, don de M. et Mme D. David-Weill,
1948, D. 8253.

95. *Le Pont Royal et la Cour des Comptes en construction*
S.D.b.c. : *Thos Boys 1833*
Aquarelle et rehauts de gouache, 17,1 x 28,1
Carnavalet, legs Asse, 1901, D. 5867.

96. *Le Pont de la Concorde depuis le Cours La Reine*
S.D.b.g. : *Ts Boys 1833*
Aquarelle et rehauts de gouache, 14,9 x 21
Carnavalet, D. 5865.

97 ill. p. 32 *Le Pont de la Concorde et la Chambre des Députés depuis la terrasse des Tuileries*
S.D.b.d. : *Thos Boys 1833*
Aquarelle et rehauts de gouache, 25,2 x 19,4
Carnavalet, D. 7462.

98 ill. p. 112 *L'Hôtel de Sens*
S.D.b.g. : *Thos Boys 1833*
Aquarelle et rehauts de gouache, 29,3 x 21,7
Carnavalet, legs André Lequeux, 1964, D. 8482.

99. *L'Hôtel de Sens*
Mine de plomb et aquarelle sur calque, 29 x 21,7
Carnavalet, D. 165.

100. *L'Institut*
D.b.d. : *29 9bre 1834*
Aquarelle et rehauts de gouache, 34 x 45
Carnavalet, don de M. Didier Suzor en souvenir de
M. Léon Suzor, 1965, D. 8519.

101. *La Rue de la Licorne,* vers 1836
Mine de plomb, 26,5 x 18,1
Carnavalet, D. 3987.

102 ill. p. 93 *La Rue des Prouvaires et l'église
Saint-Eustache*
Signé sur l'enseigne de droite : *THOMAS BOYS*
Aquarelle et rehauts de gouache, 25 x 19,2
Carnavalet, legs Asse, 1901, D. 6066.

103. John Scarlett Davis (1804-vers 1845)
Vue du transept Nord de Notre-Dame de Paris
S.D.b.d. : *Scarlett Davis, Paris 1831*
Crayon, encre, aquarelle et lavis brun,
37,8 x 30,5
Carnavalet, don de M. et Mme Michel David-Weill,
1979, D. 8710.

104. *Vue de l'intérieur de l'église Saint-Eustache*
S.D.b.d. : *J. S. Davis / St. Eaustahe
(sic) 1836*
Crayon, encre et aquarelle, 23,1 x 17,5
Carnavalet, don de M. et Mme Michel David-Weill,
1979, D. 8711.

105. Ambrose Poynter (1796-1886)
Vue des ruines de Saint-Louis-du-Louvre
S.D.b.g. : *A. Poynter, 1842*
Aquarelle, 26 x 18
Carnavalet, D. 3985.

106. *Vue des ruines de Saint-Louis-du-Louvre*
Mine de plomb 26 x 18
Carnavalet, D. 3986.

107. *La Rue de la Lanterne dans la Cité*
S.b.d. : *A. Poynter*
Aquarelle, 25 x 17,2
Carnavalet, D. 3984.

108 ill. p. 36 William Wyld (1806-1889)
La Place de la Concorde, vers 1838
S.b.g. : *William Wyld*
Aquarelle et rehauts de gouache, 18 x 26,8
Carnavalet, D. 7103.

109 ill. p. 39 *Le Jardin du Luxembourg*
S.D.b.g. : *W. Wyld 1859*
Aquarelle, 49 x 83
Carnavalet, D. 13652.

Estampes
110. Théodore Fielding et W. H. Timms
(d'après C. Fielding et A. Pugin)
*General View of Paris taken from the Dome
of the Hospital des Invalides*
Aquatinte en couleur, 42,5 x 52,6
Carnavalet, GC. G. 14270.

111. T. Sutherland (d'après A. Pugin)
Le Louvre, et Chateau de Rosny
Aquatinte en couleur, frontispice et vignette de la page
de titre de : M. Sauvan, *Picturesque Tour of the Seine
from Paris to the sea..., illustrated with twenty-four highly
finished and coloured engravings, from drawings
by A. Pugin and J. Gendall,* Londres, 1821
Bibliothèque historique de la Ville de Paris,
Rés. 10.239.

112. Georges Robert Lewis
Tour through France and Germany
Illustrations tirées de Th. F. Dibdin,
Londres, 1821
Planches exposées, eau-forte, env. 15 x 21,5
– *Le marché et la conversation du matin sur le Boulevard
Poissonniere - Morning Marketting & conversation,*
n° 21 & 22. Carnavalet, Topo. PC. 45L.
– *Boulevard des Italiens avec ses differens trafics - Italian
Boulevard with its various traffic,* n° 23 & 24
Carnavalet, Topo. PC. 41F4.

113. John James Chalon
*Twenty Four Subjects exhibiting the Costume of Paris, The
Incidents taken from Nature...,* Londres, 1822
– volume (BHVP, Rés. F° M° 6682)
– Frontispice de la 3e livraison, feuille, 39,4 x 28,5
(BHVP, Rés. F° M° 6682)
Planches détachées, lithographies coloriées, env. 48,5 x 31
– *Le Marché aux Fleurs* (G. 10966)
– *La Charette du Blanchisseur* (G. 10967)
– *Le Marchand de Brioches* (G. 10968)
– *Le Porteur d'eau* (G. 10963)
– *La Porte Cochère* (G. 10961)
– *Une Matinée aux Thuilleries* (G. 10974) ill. p.64
Carnavalet, PC.

114. Thomas Shotter Boys
Hôtel de Sens, 1833
Aquatinte et vernis mou, 28,7 x 21,5
Carnavalet, PC. G. 13174.

115. *Hôtel de Sens à Paris*
Planche tirée de l'*Architecture pittoresque*, dessinée
d'après nature par A. Rouargue et T. Boys, Paris, 1835
Lithographie, 30,1 x 21,1
Carnavalet, PC. G. 12489.

116. *Picturesque Architecture in Paris, Ghent, Antwerp,
Rouen, etc.,* 1839
Planches exposées, recueil de chromolithographies,
env. 36,5 x 52
– *Rue de la Licorne, frontispice* (Coll. part.)
– *Hôtel de Sens, Paris* (Carnavalet, GC. G. 12485)
– *Notre-Dame, Paris* (BHVP, Rés. F° M° 49)
– *Notre-Dame, Paris from the quai St. Bernard*
(Carnavalet, GC. G. 12481) ill. **p. 103**
– *Porte rouge, Notre-Dame, Paris et Rue des Marmousets,
Paris* (Carnavalet, GC. G.12484)
– *St Etienne du Mont, Paris* (Carnavalet, GC. G. 12482)
ill. **p. 35**
– *St Etienne du Mont and the Pantheon, Paris [nocturne]*
(BHVP, Rés. F° M° 48)
– *Hôtel de Cluny, Paris* [côté rue] (Carnavalet, GC. G.
12483)
– *Hôtel Cluny, Paris* [côté cour]
Carnavalet, GC. G. 12477.

117. Thomas Higham (d'après William Turner)
Boulevards
Planche tirée des *Fleuves de France,* 1837
Gravure sur acier, feuille, 15,5 x 21,5
Carnavalet, Topo. PC. 42B.

118. William Wyld
*Monuments et Rues de Paris, Dessinés et lithographiés ...
1839*
Planches exposées, recueil de lithographies, impression
avec pierre de teinte, env. 52 x 35,5
– *Frontispice, Tombeau d'Héloïse et d'Abeilard* (G. 18431)
– *Paris from Père Lachaise* (G. 18446)
– *Palais Royal* (G. 18439)
– *Palais des Tuileries* (G. 18435) ill. **p. 24**
– *Rue de la Paix* (G.18441) ill. **p. 110**
– *Boulevard des Italiens* (G. 184440)
Carnavalet, GC.

▌ Paris et les touristes anglais

Dessins
119. Augustus Charles Pugin (1762 ou 69-1832)
Meurice's Hotel Entrance Hall
Aquarelle, 13,7 x 17,1
Paris, fondation Custodia,
collection F. Lugt, Institut Néerlandais, Inv. 1975-T.42.

120. *Drawing room at Meurice's Hotel*
Au verso, dessin d'enfant S.D. : *Pugin Junior fet,* 1821
Mine de plomb, 18 x 24,3
Paris, fondation Custodia,
collection F. Lugt, Institut Néerlandais,
Inv. 1975-T.43.

Estampes
121. Jules-Joseph Bourdet
*Les Etrangers à Paris, pl. 1, – Militaire, ce était la Colonne
de la Place Vendôme. – Non, insulaire, c'est l'obélisque. –
Oh ! l'obélisque ! Milady voulez-vous monter... Militaire
ouvrez le porte !...,* 1841
Lithographie, 35,8 x 27,6
Carnavalet, Mœurs PC. 124/6.

122. *Les Etrangers à Paris, pl. 2, – Oh ! Mîlord ce été un
bien joli divertissement ce soir à l'opéra... – Yes Miledi...
nous viendrons voir cette RELACHE...,* 1841
Lithographie, 36 x 27,8
Carnavalet, Mœurs PC. 124/6.

123. Charles Vernier
*Revue caricaturale, grande bataille des échecs livrée au
café de la Régence (décembre 1843) Durée 1 mois.
Albion !... tu triomphes... mais je me rends
et ne meurs pas...*
Lithographie, 35,7 x 27,3
Carnavalet, Mœurs PC. 113/2.

124. Frédéric Bouchot
*Les Quartiers de Paris, n° 9, La rue Castiglione, – Milady...
votre mari a raison... rien n'ouvre l'appétit comme de man-
ger avant le dîner une douzaine de petits gateaux ...,* 1844
Lithographie, 35,8 x 27,5
Carnavalet, PC. G. 10587.

125. Honoré Daumier
*Les Etrangers à Paris, pl. 1 : L'arrivée. Comment plus de
place !... – Pas seulement pour une boîte à chapeau... –
Mais dans la salle commune ? – Elle l'est déjà à vingt et un
Anglais...,* 1844
Lithographie, 35,5 x 27,4
Carnavalet, PC. G. 1989.

126. Formulaire de passeport aux armes de l'Empire,
émis par l'Ambassade de France à Londres, 1850
43 x 27
Carnavalet, Mœurs PC. brevet.

127. Honoré Daumier
L'Exposition universelle, série publiée dans
Le Charivari, d'avril à septembre 1855
Lithographies, env. 27,5 x 36
– *n° 9 : – Aô... Schocking !... Traduction française : – Voilà une dame en marbre qui a un costume bien léger et bien inconvenant !* Carnavalet, PC. G. 2030 ill. p. 105
– *n° 10 : – C'été Molière qui été sur ce monumente... – Yes... Molière sur la Fontaine. – Non, ... c'été La Fontaine* Carnavalet, PC. G. 2031
– *n° 11 : – Je pouvé pas lasser môa de regarder la tour St Jacques-la-Boucherie ...* Carnavalet, PC. G. 2032.

128. Alfred Darjou
Paris l'été, n° 1 : – En v'la des Anglais bien aimables qui viennent se faire voir à Paris pour les ceux qu'a pas le moyen d'aller voir l'exposition de Londres
Lithographie, 37 x 28
Carnavalet, Mœurs, PC. 124/6.

129 ill. p. 101 – *Encore du plumpudding !... ce n'était pas assez de nous habiller à la mode britannique !... il a fallu que tu nous donnes une cuisinière anglaise... que le diable emporte le libre-échange !...*
Actualité, planche 53, 1864
Lithographie, 36,4 x 28
Carnavalet, Mœurs PC. 15/1.

130. E. Roch et E. Roevens
(d'après Gustave Doré)
Train de plaisir des Anglais venant visiter Paris, 1861
Bois
– *L'Arrivée à Paris*
– *Une visite à l'exposition de sculpture, Shocking*
– *Vous demandez une contremarque pour visiter l'intérieur de l'obélisque ? Impossible, il est plein ...*
– *C'est singulier, l'Illustrated London-News ne nous a rien dit de ce tremblement de terre*
Carnavalet, Mœurs, PC. 124/6.

131. Gillot (d'après Alfred Grévin)
English Spoken Here. Chez le photographe.
– *Voici le pôse le pliou nétiourel de moâ !*
Bois, 36,2 x 28,7
Collection particulière.

132 ill. p. 74 Moloch (B. Colomb, dit),
Paris dans les caves, planche n° 35 :
– *Comment, Mylord remonte ? – Aoh, Yes, je étais venu por voir Paris & non votre Kève.*
– *Mais Mylord va se faire tuer sûrement. – Ça m'étais égal, je préférais être tué en visitant Paris, que mourir sans l'avoir vu,* juin 1871
Lithographie coloriée, 35,7 x 27,5
Carnavalet, PC. QB XXIV.

133. Anonyme
Taverne Anglaise, rue de la Chaussée d'Antin, n° 5, Jardin élégant/Splendid Garden..., 1854
Lithographie, impression avec pierre
de teinte, 24,5 x 31,9
Carnavalet, Topo PC. 143C.

134. Anonyme
Hôtel du Helder, rue du Helder, 9 & 10, près le Boulevard des Italiens, English Spoken...
Lithographie, 48,8 x 64
Carnavalet, Topo GC. XXXVIID.

135 ill. p. 89 Charles-Claude Bachelier
Hôtel Meurice, rue de Rivoli à Paris, 1866
Lithographie, impression avec pierre
de teinte, 32,5 x 50
Carnavalet, Topo PC. 37D.

136. Martial Potemont
Boulevard des Italiens, Café Anglais
Eau-forte, 15,5 x 11,8
Carnavalet, Mœurs, PC. 81/2.

137. Beltrand et Dété (d'après Moulignié)
Paris pittoresque - Les excursionnistes anglais tiré du *Monde illustré, 1892*
Bois, feuille, 25 x 35,8
Carnavalet, Mœurs PC. 124/6.

▎Résidents et visiteurs de marque

Peinture
138. Henriette-Jacotte Cappelaere
Portrait d'Elysabeth Ann Haryett, dite miss Howard puis comtesse de Beauregard
S.D.b.g. : *H. Cappelaere 1850*
Huile sur toile, 130 x 98
Compiègne, musée national du château, C. 89 001.

Sculptures
139. Pierre-Jean David d'Angers
Louise Belloc, née Swanton
S.D.b.c. : *David 1830*
Médaillon en bronze, ø 14
Carnavalet, S. 317.

140. Jean-Pierre Dantan jeune
Lord Henry Brougham, charge
S.D. en creux sur la base postérieure : *Published by Dantan Je/25 May 1833, London*
Plâtre patiné terre-cuite, H : 43
Carnavalet, S. 1117.

141. *Sophie Dawes, baronne de Feuchères*
S.D. sur la base gauche : *Dantan je 1838*
Plâtre patiné terre-cuite, H : 24
Carnavalet, S. 1089.

Dessin
142. Eugène Giraud
Portrait charge du duc de Hamilton,
William Alexander Douglas, 1811-1863
S.b.d. : *E. Giraud*
Encre noire, aquarelle et rehauts de gouache blanche,
52 x 37,5
Bibliothèque nationale de France, département des
Estampes, Na 87 Rés.

Estampes
143. André-Joseph Mecou
(d'après Croizier et Scheffer)
Lady Morgan
Gravure au pointillé, 19,5 x 12
Collection particulière.

144. T. C. Regnault (d'après Ender)
Marie Anne Elisa de Lamartine [née Birch], 1866, d'après
un portrait de 1822
Eau-forte et pointe-sèche, 25,5 x 17,6
Carnavalet, Portrait PC. 168.

145. Henri Grevedon (d'après Gérard)
Francis Henry Egerton, Earl of Bridgewater, 1824
Lithogaphie, 50 x 32
Carnavalet, Portrait PC. 99.

146. Anonyme
Helena Maria Williams, vers 1825
Lithographie, 36 x 28,5
Bibliothèque nationale de France, département des
Estampes, collection Laruelle, Ne 63 fol., t. 44.

147. Jean-Baptiste Mauzaisse
Walter Scott, 1826
Lithographie, 49,5 x 33,2
Carnavalet, Portrait, GC. XXII.

148. M. Moreau
Souvenirs du Théâtre Anglais à Paris dessinés par
MM. Devéria et Boulanger, 1827
Bibliothèque historique de la Ville de Paris, Rés. 10227.

149 ill. p. 109 Achille Devéria
H. G. Smithson..., 1827
Lithographie, feuille, 38,2 x 27,5
Carnavalet, PC. G. 12261.

150. Anonyme
Mr. C.les Kemble, in the Caracter
of Hamlet ..., 1827
Lithographie, 39,6 x 27,6
Carnavalet, Portrait PC. 161.

151. Achille Devéria
Miss Fanny Kemble, artiste dramatique, 1830
Lithographie, 33,8 x 26,7
Carnavalet, PC. G. 12170.

152. James Hopwood, le jeune
(d'après sir Thomas Lawrence)
Thomas Moore, vers 1830
Eau-forte, 13,5 x 9
Collection particulière.

153. W. Giller (d'après E. T. Parris)
Countess of Blessington, 1835
Manière noire, 40,8 x 30,3
Bibliothèque nationale de France, département des
Estampes, N3.

154. E. Demaisons
Thackeray, 1854
Lithographie, 28 x 19,4
Bibliothèque nationale de France, département des
Estampes, N2.

155 ill. p. 69 André Gill (Louis-Alexandre Gosset, dit)
Charles Dickens, couverture de *L'Eclipse*,
14 juin 1868
Bois colorié, 48,5 x 31,8
Carnavalet, Portrait PC. 85.

156. Anonyme
Prince of Wales (futur Edouard VII)
Lithographie, 24,5 x 16
Carnavalet, Portrait PC. 99.

157. Manuel Luque
Miss Booth, maréchale de l'Armée du Salut, supplément
du *Monde parisien*
Lithographie, 50 x 32
Carnavalet, Portrait PC. 32.

Photographies
158. Robert Jefferson Bingham
William et Anthony Galignani, Paris, 1865
Photographie retouchée, à vue, 57 x 46,5
Librairie Galignani.

159. Charles Marville
Photographies tirées de *l'Album Bagatelle jusqu'à 1870*
Papier albuminé
– *Lord Hertford, Madame Oger et Richard Wallace à Bagatelle, 19 x 25* (Ph. 987) ill. **p. 51**
– *La terrasse du château, 26 x 37* (Ph. 985)
– *Le salon rond, 35 x 26* (Ph. 994)
– *La salle à manger, 35 x 27* (Ph. 991)
Carnavalet ill. **p. 77**

Livres et médailles
160. *Catalogue de tableaux... composant le cabinet de Feu M. Quintin Craufurd, dont la vente aura lieu le 20 novembre et jours suivants, [...] en son hôtel, rue d'Anjou St Honoré, n° 21*, Paris, 1820
Louvre, Bibliothèque des Musées Nationaux.

161. Volume in 16°, relié en maroquin bleu nuit, à l'emblème de lord Henry Seymour:
Le provmenoir de Monsieur de Montaigne par sa fille d'alliance, 3° éd., Rouen, 1607
Collection particulière.

162. Page manuscrite de lord Henry Seymour:
«Je soussigné certifie avoir vendu à Monsieur Jégu le cheval nommé Young Rainbow.- Paris, le 3 sept. 1830 - H. Seymour»
Collection particulière.

163. *Catalogue des Tableaux, dessins et gravures de la collection Standish léguée au roi par M. Franck Hall Standish*, Paris, 1842
Bibliothèque historique de la Ville de Paris, 2 681.

164. Médaille offerte à Richard Wallace. Au droit: figure de la Ville de Paris, inscription «*Siège de la Ville ...*». Au revers: inscription «*Guerre des Français contre les Allemands, République Française 1870-1871. Sir Richard Wallace noble cœur anglais a donné pour établir une ambulance 300 000 F et 400 000 F aux pauvres pour avoir du chauffage, 27 décembre 1870*»
Bronze, ø 6,9
Carnavalet, ND. 576.

165. Médaille offerte à Richard Wallace.
Au droit: *Armes de la ville de Paris*. Au revers: inscription «*République Française. Siège de Paris 1870-1871. La Mairie du IXe arrondt à Richard Wallace, Bienfaiteur des pauvres et des blessés*»
Bronze, ø 6,9
Carnavalet, ND. 577.

La reine Victoria à Paris

Peinture
166. Anonyme
L'Arrivée de la reine Victoria et du prince consort à la gare de l'Est, le 18 août 1855
Huile sur toile, 54 x 73
Carnavalet, don de M. Léon Suzor, 1949, P. 1923.

Estampes
167 ill. **p. 111** Victor Adam
Entrée de S. M. la reine d'Angleterre à Paris, le 18 Août 1855
Lithographie, 55 x 70
Carnavalet, Histoire GC. XVIII.

168 ill. **p. 44** Imagerie de Metz (Gangel)
Entrée de S. M. la reine d'Angleterre, L'arc de triomphe de l'Opéra-Comique,...
Lithographie coloriée et dorée, 47 x 36
Carnavalet, Hist. GC. XVIII.

169. Muller et Rhin
Her magesty the queen of England and Prince Albert visit to Paris, neuf vues
Lithographie, 40 x 53,3
Carnavalet, Hist. GC. XVIII.

170. Jules Chaste, imagerie d'Epinal (Pellerin)
Promenade à l'Exposition universelle de Paris. 1855...
Lithographie coloriée et dorée, 37 x 46,5
Carnavalet, Hist. GC. XVIII.

Médaille
171. Jean-Pierre Montagny
Médaille commémorative. Au droit: la reine Victoria et le prince Albert, de profil à droite, inscription «*La reine d'Angleterre et le prince Albert visitent la France. Août 1855*». Au revers: couronne de fleurs et de feuillages, inscription «*Leur séjour à Paris - 18 août 1855*»
Bronze, ø 5,3
Carnavalet, ND. 746.

Paris, capitale des plaisirs

Estampes
172. Charles-Joseph Traviès de Villers
Milord nous sommes très aimables !!...
Lithographie, 36,5 x 27,5
Carnavalet, PC. G. 19170.

173. Henry Monnier
Mœurs parisiennes, n° 5, On ne vous voit plus, Milord !,
septembre 1827
Lithographie à la plume, 27,7 x 36,3
Carnavalet, PC. G. 835.

174. Henri Gérard-Fontallard
Histoire d'une épingle, pl. 7 : ... Le restaurateur qui fit
emplète de l'animal, me servit avec lui sur la table d'un
Milord, 1828
Lithographie à la plume, 36 x 27,4
Carnavalet, PC. G. 7618.

175. *Histoire d'une épingle, pl. 8 : ... Milord m'oublia avec*
une liasse de Billets de Banque, sur le canapé d'une
danseuse, 1828
Lithographie à la plume, 36 x 27,5
Carnavalet, PC. G. 7619.

176. Charles Philipon
Les Fashionables (Poupées à ressort par Brevet
d'importation et de perfectionnement) ...
Lithographie coloriée tirée de
La Silhouette, journal des caricatures,
vol. 1, 1830, 36 x 27,3
Carnavalet, PC. G. 7105.

177. Charles Vernier
Au Bal de l'Opéra, pl. 14 : Comme quoi, au bal de l'opéra,
l'on trouve la véritable entente Cordiale de la France et de
l'Angleterre, 1830
Lithographie, 35,5 x 27,5
Carnavalet, PC. G. Mœurs 75/9.

178. Gavarni (Guillaume-Sulpice Chevalier, dit)
Les Débardeurs, pl. 51 : – Ah ! ça décidement Caroline est
folle du petit Anglais.
– Cornichon ! va, 1840
Lithographie coloriée, 35,5 x 26
Carnavalet, PC. G. 8284.

179. ill. p. 85 *Les Lorettes, pl. 49 : N'y a pas moyen !...*
Mosieu est là avec Mosieu Machinikof, et l'attaché prus-
sien... et nous attendons Milord... « Complet », 1841-1843
Lithographie coloriée, 35,3 x 27
Carnavalet, PC. G. 6451.

180. Cham (Amédée de Noé, dit)
Ces petites dames, – Tu es avec un Russe !... et voici un
Anglais !... ah ça ma chère, c'est donc une maison d'accli-
matation chez toi ?... Le Charivari, 1860
Lithographie, 36,5 x 28,3
Carnavalet, PC. G. 2196367.

181. Edouard de Beaumont
Ces petites dames, (4e suite, pl. 2) *– Milord veut-il un*
Guide de l'Etranger dans Paris, 1865
Lithographie, 36,2 x 27,9
Carnavalet, PC. G. 10059.

182. *Croquis Parisiens,* (7e suite, pl. 1) *– Amélie, ne fait*
donc pas attention à ce monsieur, c'est un anglais, il ne te
tirerait pas d'embarras ; ces insulaires promettent toujours
et ne tiennent jamais..., 1864-1866
Lithographie, 36,2 x 28
Carnavalet, PC. G. 9939.

183. ill. p. 53 Adolphe Pinçon (d'après Gustave Doré)
J'tiens mon Anglais !
Lithographie, impression avec pierre de teinte, 52 x 36
Carnavalet, GC. G.12676.

184. ill. p. 79 Régnier, Bettannier-Morlon
(d'après Philippe-Jacques Linder)
– Moa aimer beaucoup le petite française – et moi j'adore
les petits soupers
Lithographie, impression avec pierre de teinte,
68 x 49,5
Carnavalet, Mœurs GC. 144.

185. *– Moa emporter vous à London. – Goddem !*
Je voudrais bien voir ça
Lithographie, impression avec pierre
de teinte, 67,5 x 49,8
Carnavalet, Mœurs GC. 144.

186. *Musée des mœurs en action, 31, Les étrangers à*
Paris, Ni l'un ! Ni l'autre !
Lithographie, impression avec pierre de teinte, 57 x 80
Carnavalet, Mœurs TGC. 143.

187. *Musée des mœurs en actions, 32, Les étrangers à*
Paris, Tous les deux
Lithographie, impression avec pierre de teinte, 57 x 80
Carnavalet, Mœurs TGC. 143.

188. ill. p. 47 *Moa, très faché d'avoir apporté mon femme*
Lithographie, impression avec pierre de teinte, 57 x 80
Carnavalet, Mœurs TGC. 143.

189. *Moâ aimer beaucoup rigoler avec vous*
Lithographie, impression avec pierre de teinte, 57 x 80
Carnavalet, Mœurs, TGC. 143.

190. Régnier, Bettannier, Morlon (d'après Numa)
*Galerie comique, n° 15, Un Anglais à Mabille entre la Faim
et la Soif. Angels of darkness seizing their prey*
Lithographie, impression avec pierre de teinte,
50 x 67,8
Carnavalet, Mœurs GC. 78.

191. *Galerie comique, n° 16, Un Anglais qui n'en peut
plus. More than half seas over*
Lithographie, impression avec pierre de teinte,
50 x 64,2
Carnavalet, Mœurs GC. 80.

192. Krax
Cora Pearl, couverture des *Femmes du Jour,*
n° 1, avril 1886
Bois colorié, 30 x 20
Carnavalet, Portrait PC. 250.

193. Richard Ranft
L'Anglais aux Folies Bergères, 1899
Eau-forte et aquatinte, 20 x 32,8
Bibliothèque nationale de France, département des
Estampes, Ca 1c - XXᵉ s.

Nos remerciements s'adressent aux responsables des établissements prêteurs :

Bibliothèque historique de la Ville de Paris
Bibliothèque des Musées Nationaux
Bibliothèque nationale de France
Fondation Custodia
Librairie Galignani
Musée national du château de Compiègne
Madame Roxane Debuisson et les collectionneurs qui ont préféré garder
l'anonymat.

Ainsi qu'à toutes les autres personnes qui nous ont aimablement aidés :

Richard Beresford, Arsène Bonafous-Murat, Jean-Marie Bruson, Christophe Campos,
baron de Cassagne, Françoise Courbage, François Fossier, Mireille Galinou, Anthony
Griffiths, Peter Hughes, Françoise Jestaz, Rüdiger Kroll, Charlotte Lacour, Dominique
Leborgne, Anne-Claude Lelieur, Béatrice Liébard, Françoise Maison, Françoise
Marchand, Jean-Philippe Meglio, Olivier Meslay, Marie Paccard, Philippe Poindront,
Thérèse Tessier, Mària Van Berge-Gerbaud, et l'ensemble de la conservation et du
personnel technique du musée Carnavalet.

ISBN 2-87900-192-7
© Paris-Musées, 1994
Editions des musées de la Ville de Paris
Diffusion Paris-Musées
31, rue des Francs-Bourgeois
75004 Paris
Dépôt légal : septembre 1994
Cet ouvrage est composé en Rotis
Flashage : Delta +, Paris
Photogravure : La Cromolito, Milan (Italie)
Papier : Magnomatt 135 g
Impression : Snoeck-Ducaju & Zoon, Gent (Belgique)
Achevé d'imprimer sur les presses de l'imprimerie Snoeck-Ducaju & Zoon à Gent (Belgique), en septembre
1994

Conception graphique : Gilles Beaujard
Secrétariat de rédaction : Sophie Grêlé
Fabrication : Sabine Brismontier assistée d'Audrey Chenu

Photographies : © Photothèque des musées de la Ville de Paris, by SPADEM 1994.

Couverture :
En haut, Anonyme, *La famille anglaise au Museum à Paris*, détail.
En bas, Wyld, *Palais des Tuileries*, détail.
Au dos, Godissart de Cari, *Un peu d'aide fait grand bien*, détail.